CATALOGUE

DES

MANUSCRITS ITALIENS

DE LA BIBLIOTHÈQUE NATIONALE

QUI NE FIGURENT PAS

DANS LE CATALOGUE DE MARSAND

PAR

GASTON RAYNAUD

Employé au département des Manuscrits de la Bibliothèque Nationale

PARIS

INVENTAIRE

DES

MANUSCRITS ITALIENS

DE LA BIBLIOTHÈQUE NATIONALE

Extrait du *Cabinet Historique*

(ANNÉE 1881)

Tiré à deux cents exemplaires

INVENTAIRE

DES

MANUSCRITS ITALIENS

DE LA BIBLIOTHÈQUE NATIONALE

QUI NE FIGURENT PAS

DANS LE CATALOGUE DE MARSAND

PAR

Gaston RAYNAUD

Employé au département des Manuscrits de la Bibliothèque Nationale

PARIS

ALPH. PICARD	H. CHAMPION
Libraire-Editeur	Libraire-Editeur
82, rue Bonaparte, 82	15, quai Malaquais, 15

M. DCCC. LXXXII

SUPPLÉMENT

AU CATALOGUE DE MARSAND

C'est en 1835 qu'Antonio Marsand commença à publier son catalogue des manuscrits italiens des bibliothèques de Paris, dont le second et dernier volume parut en 1838 (1). La partie de ce Catalogue consacrée à la Bibliothèque nationale est de beaucoup la plus importante (2) et comprend 896 (3) notices, qui s'appliquent à près de 950 manuscrits. A cette époque les mss. italiens de la Bibliothèque nationale ne formaient pas un fonds distinct, mais étaient disséminés dans différents autres fonds :

(1) *I manoscritti italiani della regia biblioteca parigina.....* Parigi, dalla stamperia reale, 2 vol. in-4°, 1835 et 1838. Le second volume porte en sous-titre : *Volume II° che contiene altresi la descrizione e l'illustrazione de' manoscritti italiani delle tre regie bibliotheche* L'ARSENALE, SANTA GENOVEFA, LA MAZARINA.

(2) Tout le premier vol., de 814 pages, et dans le second, 232 pages sur 472.

(3) Le nombre de ces notices se réduit en fait à 891, car cinq mss. ont été par erreur catalogués deux fois ; voy. les notices n° 6 et 696, 7 et 697, 8 et 700, 87 et 709, 1 et 686.

latin, français, supplément français, La Vallière, St-Germain français et latin, Versailles, Missions étrangères, St-Victor, Bouhier, St-Magloire, Baluze, Sorbonne, Lancelot, Oratoire, Corbie, Blancs-Manteaux et Mortemart. C'est en examinant successivement chacun de ces fonds, quelques-uns même à plusieurs reprises, que Marsand fît son travail, laissant aux mss. italiens qu'il cataloguait le numéro d'ordre qu'ils avaient dans le fonds spécial auquel ils appartenaient (1), et se bornant à donner à la série de ses notices une numérotation continue.

En 1860, M. Natalis de Wailly, alors conservateur du département des manuscrits, constitua les fonds étrangers. Le fonds italien, qui dès sa formation, compta 1389 volumes, classés suivant leur format, comprit non-seulement les mss. catalogués par Marsand, mais ceux aussi qui avaient échappé à ses recherches ou qui étaient entrés à la Bibliothèque depuis 1838.

A ce jour, 1er juillet 1881, le fonds italien contient 1691 manuscrits ; le nombre des volumes a donc presque doublé depuis l'apparition du catalogue de Marsand, et cependant les érudits qui s'intéressent aux mss. de la Bibliothèque nationale, sont forcés à l'heure actuelle de se contenter

(1) Les erreurs de numérotation sont nombreuses dans le Catalogue Marsand, d'autant que son auteur a souvent reproduit les chiffres des classements antérieurs à l'époque où il rédigeait son travail.

de ce catalogue incomplet, ou doivent consulter sur place au département des mss., l'inventaire manuscrit du fonds italien, qui est souvent par trop succinct ; encore cette dernière ressource est-elle refusée à tous ceux qui sont hors de Paris.

Aujourd'hui que l'impression des catalogues et inventaires de la Bibliothèque nationale a reçu une nouvelle impulsion, il ne semblera sans doute pas inutile, en attendant la mise au jour d'un catalogue général du fonds italien, de publier une sorte de supplément au travail d'Antonio Marsand et de donner l'inventaire des mss. de la Bibliothèque nationale qui ne figurent pas dans ce catalogue. Comme cet inventaire est plutôt le *complément* que le *supplément* du Catalogue Marsand, on ne sera pas étonné des interruptions qu'on pourra remarquer dans la numérotation. Cette numérotation n'est autre en effet que celle des mss. du fonds italien ; mais elle est intermittente dans notre inventaire, où ne sont mentionnés que les mss. inconnus à Marsand (1) ; quant aux autres, on pourra toujours retrouver le numéro d'ordre qu'ils portent dans la série actuelle, au moyen d'une concordance que nous dressons pour l'usage particulier du département des manuscrits.

(1) Nous ne faisons pas figurer dans cet inventaire la collection des *Dépêches des ambassadeurs vénitiens*, dont la copie n'est pas encore achevée. Voy. sur cette collection l'*Inventaire sommaire* que nous en avons donné dans le *Cabinet historique*, t. XXIV, catal., p. 259-266 et t. XXV, catal., p. 216-217.

Nous avons fait cet inventaire aussi sommaire que possible, sans négliger cependant de mentionner, avec renvoi au folio, toutes les pièces d'un même ms., quelque nombreuses qu'elles soient et quelque peu importantes qu'elles puissent paraître. Nous avons rétabli et identifié le nom des auteurs partout où nous l'avons pu ; quand l'indication était suffisante, nous avons conservé et placé entre guillemets les titres italiens avec leur orthographe de temps et de lieu ; quand au contraire nous avons dû composer les titres, nous les avons rédigés en français. Enfin nous avons donné l'âge approximatif des mss., sans oser cependant prétendre que nous ne nous soyons pas quelquefois trompé dans nos appréciations. Ajoutons que nous supposons toujours que les mss. sont écrits sur papier ; s'ils sont écrits sur parchemin, nous l'indiquons.

Gaston RAYNAUD.

INVENTAIRE

DES MANUSCRITS ITALIENS DE LA BIBLIOTHÈQUE
NATIONALE QUI NE FIGURENT PAS DANS LE
CATALOGUE DE MARSAND

---

7. — « Delli Beneficii ecclesiastici, trattato del P. F. Fulgentio, servita, theologo della republica di Venetia. » — Fol. 150. Recueil de lettres adressées de Venise par F. Paolo Sarpi di Venetia, pendant les années 1608, 1609, 1610 et 1611. — XVIIe s. (anc. 7241²).

8-11. — Recueil de gravures empruntées à des ouvrages imprimés, et représentant des peintures, sculptures, inscriptions, etc., relatives aux premiers siècles du christianisme. — XVIIIe s. (suppl. fr. 1952¹⁻⁴).

Extrait des portefeuilles de l'abbé de Tersan, qui y a joint des notes manuscrites.

12. — « In chiesa di San Pancrazio. » Description des armoiries qui se trouvent dans cette église de Rome. — XVIIIe s. (suppl. fr. 3605).

14. — Chronique de Florence, par Giovanni Villani (1300-1333). — XVIe s. (suppl. fr. 2832).

15. — Chronique abrégée de Florence, depuis la fondation de la ville jusqu'en 1531. — XVIIe s. (suppl. fr. 2839).

17. — Copies de documents tirés des Archives de Venise, rapportées par Paul de Musset en 1847. — XIXe s. (suppl. fr. 3208).

18. — « Lettres du seigneur Louis Vallaresso, ambassadeur de la république de Venise, près Jaques, roy de la Grand Bretagne, depuis l'an 1622 jusques à l'an 1624. » — xviie s. (suppl. fr. 5792).

19. — « Relatione di Venetia, fatta da don Alfonso della Gueva, ambasciator del re di Spagna, hora cardinale. » — xviie s. (carton 105).

20-21. — « Teatro genealogico delle famiglie nobili milanesi, » par Giamb. Consono. — xviiie s. (suppl. fr. 2303[1-2]).

22-23. — Armorial et généalogies des familles nobles de Gênes. — xviie s. (suppl. fr. 2304[1-2]).

24. — « Noms et armes des familles nobles, vivantes et éteintes, aggrégées au Sénat et à la république de Venise. » — xviie s. (suppl. fr. 2305).

25. — « Cronicha delle casade di gentilhuomini veneti, » par ordre alphabétique. — xviiie s. (suppl. fr. 2871).

26. — « Cronica » des familles nobles de Venise, par Giovani Carlo Sivos. — xviie s. (suppl. fr. 5019).

48. — Procès du cardinal Alberoni, fait à Rome en 1720. — xviiie s. (suppl. fr. 4840).

51. — « Voyage de Marco Polo, édition de Florence (1827), avec des notes manuscrites de Klaproth et des extraits d'auteurs orientaux faits par le même et relatifs au texte de ce voyage. » — xixe s. (suppl. fr. 2720).

52. — Atlas de 13 cartes des provinces et de l'ensemble du royaume de Naples, signées : « Paulus Krtarus, Neap. » — 1634-1636. (suppl. fr. 3809[18].)
Aux armes de Philippe IV.

53. — « Statuti della Corte della mercanzia di Firenze, publicati l'anno 1577. » — (suppl. fr. 4915).

57. — Dessins lavés de mors de chevaux avec texte explicatif, signé et daté : « Silvestro Vanzy, ferrarese, anno 1586. » — (suppl. fr. 2718).

65. — Cent onze lettres autographes d'Antonio Canova à Quatremère de Quincy. — 1801-1822. (suppl. fr. 5593).

75.—Dante Allighieri, la Divine Comédie, avec gloses marginales. « Script. per me Franciscum magistri Andree de Urbevetere, sub annis Domini millesimo trecentesimo octuagesimo nono *(sic)*. — (suppl. fr. 2679).

86. — « Literalis expositio super Apocalipsim » de Nicolas de Lire, traduite par Fr. Frederigo di Venecia. — 1409. (anc. 7701^2).

108. — « Saggio Rabi Jehuda aven Tibon b''m (ben Moscheh?), che tradusse questo libro da lingua arabica in lingua hebraica, » précédé de « Parole del coregitore » David, provenzale. — xviie s. (anc. 7719$^{3\cdot3}$).

111.—Sanctæ Katerinæ liber divinæ doctrinæ.—Fol. 138. Vita et conversio sancti Pauli. — xve s. (suppl. lat. 527).

112. — Homélies et Oraisons latines, accompagnées de nombreuses miniatures, commentées en italien et représentant les Vices et les Vertus et les scènes de la vie du Christ. — Fol. 57. Mélanges latins. — Fol. 71. Vie de saint Jean-Baptiste (en italien). — Parchem., xiiie s. (suppl. lat. 132).

114. — « Imparziale e maturo esame de' fondamenti su quali poggia la Religione cristiana ; opera del professore Carlo Antonio Pezzi. » — xixe s. (suppl. fr. 2036^7).

Envoi de l'auteur à la Bibliothèque royale, 6 novembre 1853.

On a joint à ce manuscrit la vie de C. Ant. Pezzi, brochure de G. C[ampi], 1834, in-8°.

115. — Méditations sur la vie de Jésus-Christ. — xiv⁰ s. (suppl. fr. 5139).

Nombreuses miniatures, dont plusieurs inachevées.

116. — Commentaire sur le Talmud (Voy. Ochoa, *Cat. raz. de los manuscr. esp.*, p. 573). — xvi⁰ s. (suppl. fr. 1423).

132. — « Germanico Cesare, per instruttione d'un ottimo Principe sopra li 2 primi libri di C. Tacito, opera politica, distinta in quattro libri, dell' abbate Oraffi, olivetano, teologo del ser^mo Principe Rinaldo, cardinale d'Este. » — xviii⁰ s. (suppl. fr. 2461²).

Le premier livre, en double exemplaire, se trouve seul dans ce ms.

133-134. — « Osservationi di Troiano Boccalini sopra gli Annali di Cornelio Tacito. » — xvii⁰ s. (anc. 7750³·⁴).

137. — « Historia della sacra Inquisitione, » par Fr. Paolo Sarpi, servita. — xvii⁰ s. (anc. 7719²·²).

150. — « Pièces relatives à la satisfaction exigée par Louis XIV de l'insulte faite au duc de Créquy, son ambassadeur à la cour de Rome. » — xvii⁰ s. (suppl. fr. 1991).

151. — Pièces relatives à Pornassio, fournies par le duc de Savoie. — xvi⁰ s. (suppl. fr. 2036¹⁰).

152. — « Dichiarazione di tutte le acque del territorio e delle nuove bocche di Limena, da me » [Francesco Bacin] « progietatte. » — 1766. (suppl. fr. 2837).

Dessins au lavis.

153. — Relazione di Roma del clar^mo Ms. Bernardo Navagero, ritornato ambasciatore dalla Santità di Papa Paolo Quarto. » — Fol. 39. « Discorso notabilissimo di Ms. Gio. Franc⁰ Lottino sopra l'azione del Conclave. » — Fol. 67. « Il conclavista di Ms. Felice Gualterio. » —

Fol. 89. « Lettera scritta dalla Sᵗᵃ di Papa Paolo III alla serᵐᵃ Sigᵗⁱᵃ di Venezia, per il cardinale Amulio. » — Fol. 89 v°. « Risposta della serᵐᵃ Sigᵗⁱᵃ di Venezia al Sommo Pontefice Pio III. » — Fol. 91. « Discorso di Ms. Gabriello Selvago circa la Lega del Papa e del Re Catholico con li Sigʳⁱ veneziani per difensione dell' isola di Cipro contro il Turcho, l'anno MDLXX. » — Fol. 97. « Lega di Papa Pio V e del Re Catholico con l'Illᵐᵃ Signoria di Venezia contr' il Turco. » — Fol. 100. « Discorso notabilissimo a N. Sigʳᵉ Papa Pio V per la santissima Crociata contr' il Turco. » — Fol. 107. « Relazione della caduta del conte d'Olivares, privato della Maestà di Filippo III, re di Spagna. — Fol. 131. « Instruzione al Sacro Collegio de Cardinal per la creazione del futuro Pontefice nella sede vacante per la morte d'Urbano VIII°, l'anno 1644. » — XVIIᵉ s. (suppl. fr. 2842).

154. — Conseils adressés aux confrères de la mort de Bologne, sur la manière d'exercer leur ministère vis-à-vis des prisonniers. — Suivent des extraits en latin sur la Mort et sur la Vie future, empruntés aux Écritures et aux Pères, avec traduction en langue vulgaire. — XVIᵉ s. (suppl. fr. 2845).

155. — Recueil de Conclaves, depuis la mort du pape Clément VII jusqu'à l'avènement d'Alexandre VII (1534-1655). — XVIIᵉ s. (suppl. fr. 2846).

156. — Relation de la mort de Jean de Britto, jésuite portugais, tué aux Indes le 4 février 1693. — Fol. 5. Pièces diverses, dont quatre en latin, concernant les différends de l'empereur Joseph et du pape Clément XI. — Fol. 30. « Notizie per la venuta della Mᵗᵃ del Re di Spagna a Livorno » (juin 1702). — Fol. 46. Bulle du pape Clément XI contre ceux qui refusent d'obéir à la bulle *Unigenitus* (impr. 1718). — Fol. 52. Notes relatives à la lecture des chiffres. — Fol. 59. « Note metallorum, mineralium et aliarum rerum chimicarum. » — Fol. 61. « Breve notitia dell' Arti del Blasone. » — Fol. 63. « Origine d'Inghilterra. » — Fol. 65. Généalogies corses. — Fol. 66. Pièces relatives à des exécutions faites à Livourne au XVIIe s. — XVIIe et XVIIIe s. (suppl. fr. 2850).

157.— Relation de la mort de Troilo Savelli, décapité à Rome le 18 avril 1592, écrite par le Père jésuite Biondi. — XVIe s. (suppl. fr. 2853).

158. — « Scrittura delli Contraditori sopra l'affare di Adria, letta nel Consiglio Ser^{mo} di XL... 1776.» — XVIIIe s. (suppl. fr. 2855).

159. — « Delle guerre di Paolo Quarto e Filippo Secondo, di Pietro Nores. » — XVIIIe s. (suppl. fr. 2856).

160. — « Lacrimosi effetti di Morte, canzone... » signée : « Duca Salviati. » — Fol. 6. « Per la conservatione della Santità di N. S. Alessandro VII; alla Beatiss^{ma} Vergine di Loreto. Oda, » par Berardino Bianchi.—Fol. 8. « Il Monte Santo della Vernia, canzone dell' Arrischiato Intronato... » — Fol. 19. Poème commençant par le vers : « Gia con pompa guerriera. » — Fol. 33. « Sopra la casa de Melosi... » — Fol. 38. « Al Sereniss^{mo} Sig. Principe Leopoldo di Toscana. » — Fol. 46. Pièce de vers, commençant par : « Mio destin sempre è vario. » — Fol. 49. « Contro l'uso di pigliar l'acciaro medicinale, canzone. » — Fol. 51. Pièce de vers, commençant par : « Mi fan patir costoro 'l grande stento. » — XVIIe s. (suppl. fr. 2857).

161. — Mémoires du cardinal Spada, gouverneur de Rome (1635-1643). — (suppl. fr. 2861).

162. — Copies des dépêches adressées à la cour de

Rome par son légat en Suisse, de 1628 à 1630. — (suppl.
fr. 3602.).

Incomplet au comm. et à la fin.

163. — Inventaire du trésor de l'église N.-D. de Lo-
rette. — XVIIIe s. (suppl. fr. 3938).

164. — Pièces relatives aux différends entre le Saint-
Siège, l'Empereur et les communes de France et d'Espagne, de 1708 à 1713. — (suppl. fr. 4000).

Le premier volume manque.

165. — Relation du Conclave qui suivit la mort de
Grégoire XV (1623). — (suppl. fr. 4140).

166. — Autre exemplaire de la première partie du
n° **7**. — (suppl. fr. 4171).

167. — Copie du Priorista de Florence, faite pour le
marquis de Mirabeau (1754).

En tête du volume se trouve un avertissement signé du marquis de Mirabeau, avec quelques lignes de son écriture.

168. — Conclaves pour la nomination des papes :
Paul II; — Fol. 5. Pie IV; — Fol. 13. Paul V;—Fol. 57.
Grégoire XV; — Fol. 189. Innocent X. — (suppl. fr.
4258).

169. — « Vita di Urbano VIII dalla sua puerizia all'
assunzione al Ponteficato. » — Fol. 137. « Relazione di
tutto il suc[ces]so seguito in Roma e le cause per le quali
Papa Alessandro Sesto fece morire il cardinale Battista
Orsini nel castel Sant' Angelo. » — Fol. 181. « Successi
e morte di D. Paolo Giordano Orsini, e altri signori Orsini, e Vittoria Accoramboni, sotto Sisto V. »—Fol. 249.
Vol sacrilège d'hosties à Santa Maria in Trastevere, en
1706.— Fol. 283. « Sentenza di giustizia eseguita in persona di Domenico di Vincenzo, genovese, il di 11 luglio
1703, regnante Papa Clemente XI. » —Fol. 303. « Morte

di Bernardino e Nicolò Missori, fratelli romani, giusti-
ziati in Roma, il di 15 gennero 1685, nel Pontificato di
Papa Innocenzo XI... » — Fol. 358. Condamnation à
mort de Pietro Lunetti, assassin du cardinal Foschi. —
— Fol. 380. «·Relazione della priggionia e morte e delitti
commessi da Bernadino e Nicolò Missori decapitati su la
piazza di Ponte S. Angelo... descritta dalla signora
marchese de Massimi, moglie del Vice-Castellano. » —
Cop. XIXe s. (suppl. fr. 4263).

Notes en français d'Henri Beyle.

170.— « Origine delle Grandezze della famiglia Farnese. » — Fol. 21. « Esecrabil delitto punito nella persona di Giulio Garzoni. » — Fol. 44. « Accuse, processo
e morte del signor Guido Franceschini e suoi socii per
l'omicidio et assassinio commesso in persona di Compa-
rini, sua moglie e figlia, e accidenti secreti nel pontificato d'Innocenzo XII. » — Fol. 110. « Breve racconto
della vita, delitti e morte dell' abbate Rivarola, genovese, decapitato nella piazza di Ponte S. Angelo, regnante Papa Innocenzo Undecimo. » — Fol. 140. « Relazione dell' assassinio commesso in persona di monsignor Francesco Zeccadoro, prelato delle cifre latine nel
Palazzo Vaticano, da Mattia Trojano, suo cameriero. »—
Fol. 170. « Relazione del caso seguito in Roma in persona di monsignor Magalotti, governatore di Roma, uc-
ciso da Giulano Cesarini, confaloniere di S. Chiesa. » —
Fol. 192. « Relazione della morte del Pietro della Mas-
tillara, detto il Paleogo, che doveva brugiarsi in Campo
di fiori, nel pontificato di Gregorio XIII. » — Fol. 212.
« Caso occorso a Don Ramucio Farnese, duca di Parma,
condannato a morte da Papa Sisto Quinto, et come fosse
liberato dal cardinal Farnese, suo zio, colla relegazione
di tutti gli orologi di Roma. » — Fol. 234. « Relazione
della condanna di due prelati, monsignor Bellocchio e

monsignor Gualterucci... » — Fol. 248. « Decapitazione del Prencipe di Sans, ordinata dalla Giunta, catturato da Giulio Pezzola del Borghetto, capo bandito la notte di Natale l'anno 1640. » — Fol. 274. « Taglia e testa di monsignor o monsieur il cavalier Ruzé, cavallerizzo dell' ambasciatore di Francia, marchese di Covré, condannato dal tribunale del Governo per avere levato Giulio Bianconi dalle mani de' birri, quando andava con gl' altri galeotti in galera. » — Fol. 298. « Relazione della morte del monsignor Gio. Giacomo Amadio, referendario dell' una e l'altra segnatura, seguita nelle carceri di Torre di Nona... nel pontificato di Urbano Ottavo. » — Fol. 314. « Relazione dell' esecuzione di giustizia, comandata da Papa Urbano VIII, l'anno 1638... » — Fol. 340. « Esecuzione di giustizia, ordinata da Papa Innocenzo Decimo, contro il duca di Valenze, ambasciatore del Re Cristianissimo, e come eseguita nel suo palazzo. » — Fol. 376. « Relazione della morte del marchese Riginaldo Monaldeschi, seguita nel pontificato di Alessandro Settimo. » — Fol. 398. « Decapitazione dell' Illmo et Eccmo signor protomedico Gio. Tomassini, lettor di sapienza, et esaminatore, seguita nel pontificato di Alessandro Settimo. » — Fol. 440. « Relazione dell' esemplar giustizia, seguita in Roma, nel pontificato di Alessandro Settimo, contro li fabbricatori e dispensatori... » — Fol. 468. « La Galleria di Zagnoni, » en vers. — Cop. xixe s. (suppl. fr. 4264)

Notes d'Henri Beyle, qui a donné au volume le titre de *Causes célèbres de Rome vers 1600.*

171. — « Atto di vendetta commesso dal cardinale erltobrandini in persona di Girolamo Lombardi, cavaliere romano. » — Fol. 48. « Relazione de delitti, e morte fatta dare a Girolamo Biancinfiore, cavalier fio-Antino, decapitato in Roma, per condanna e sentenza data da Papa Leone X, l'anno 1528. » — Fol. 92. « Condanna di morte, eseguita in persona di Ferrante Pauletto, capuano, e di Antonio Ricci, suo compagno, palermitano, nel pontificato di Clemente VII. » — Fol. 106. « Relazione dell' omicidio funesto, seguito in persona del Principe Savelli, nella terra dell' Ariccia, l'anno 1536... » — Fol. 127. « Atto di crudele vendetta esercitata dall' Ariberti, cavaliere milanese, l'anno 1546. » — Fol. 134. « Successo occorso in Castro, città del duca di Parma, nel monastero della Visitazione fra l'abbadessa del medemo et il vescovo di d' cità, l'anno 1572... » — Fol. 171. « Relazione della morte di Raimondo Orsini, Silla Savelli et Ottavio Rusticucci, cavalieri romani, uccissi in rissa da birri, nel pontificato di Gregorio XIII. » — Fol. 194. « Relazione della morte seguita in Roma di Felice Peretti, e di Vittoria Accoramboni seguita in Padova, con il castigo data dalla Republica agl' uccisori della medesima » (27 décembre 1585).— Fol. 261. « Relazione della morte di Giorgio Piknon, irlandese, tenagliato e poi brugiato sulla piazza di Ponte S. Angelo in Roma, l'anno 1595. » — Fol. 271. « Relazione de delitti e morte seguita di Troilo Savelli, decapitato in Roma per ordine del Pontifice Clemente VIII. » — Cop. 1833. (suppl. fr. 4266.)

Notes, préfaces et corrections de la main d'Henri Beyle qui a donné à ce volume le titre de *Rome en 1550, ou Recueil de pièces qui montrent la manière de penser et d'agir dans les affaires de la vie privée à Rome, vers 1550.*

172. — « Relazione della morte di un chierurgo detto Honi Siciliano, giustiziato in Roma, per aver preso quattro moglie... l'anno 1588. » — Fol. 21. « Relazione della morte di Marc Antonio Massimi, giustiziato in Roma nell'anno 1599... per aver dato il veleno al signor Marchese Luca, suo fratello. » — Fol. 57. « Racconto veridico della morte di Giacomo e Beatrice Cenci e di

Lucrezia Petroni Censi, loro madrigna, messi a morte per patricidio in Roma... 1599, » et pièces relatives à cette affaire. — Fol. 141. « Odio concepito e vendetta eseguita dal candinale Altobrandino contro Onofrio Santacroce. » — Fol. 157. « Notificazione di una guistizia seguita nella persona di Onofrio Santacroce... per aver acconsentito al mutricidio fatto da Palolo, suo fratello.... 1601. » — Fol. 175. « Abjura e morte di Giacinto Centini... che voleva dar morte al sommo Pontefice Urbano VIII.... 1636. » — Fol. 216. Lettre de Giacinto Centini à son oncle le cardinal Centini. — Fol. 223. « Relazione dell'omicidio seguito in persona del conte Fiume da Cesena... 1665. » — Fol. 240. « Fatto curioso seguito tra Luigi XI, re di Francia e li Genovesi. » — Fol. 244. « Sentenza di morte eseguita in persona di Dom° di Ludovico, in Roma.... 1665. » — Fol. 255. « Relazione... del bombardamento... di Genova da Luigi XIV... 1684. » — Fol. 289. « Edificii rovinati dalle bombe gettate da Francesi nella città di Genova, l'anno 1644. » — Cop. 1833 (suppl. fr. 4267).

Notes d'Henri Beyle, qui a donné au volume le titre d'*Historiettes Romaines ou Rome vers 1600*.

173. — Volume contenant des pièces relatives au procès du cardinal Carafa, 1561 : Fol. 10. Récit de es mort. — Fol. 178. Extrait du sommaire du procès. — Fol. 182. Détail des chefs d'accusation (en latin). — Fol. 184. Sommaire des interrogatoires. — Cop. XIX° s. (suppl. fr. 4268).

Notes d'Henri Beyle.

174-178. — « Vita di D. Ruggiero, scrita da lui stesso. » Le n° **178**, outre la fin de la vie de D. Ruggiero, contient :

Fol. 277. « Relazione della Republica che i religiosi gesuiti delle provincie di Portogallo e di Spagna hanno

stabilita ne'dominii oltramontani delle due monarchie.... » — Fol. 321 « Compozione del conte Enrico
Trivelli, napoletano, decapitato a Ponte S. Angelo li 23
gennajo 1739... » — Fol. 339. « Relazione della morte di
Giacomo e Beatrice Cenci e di Lucrezia Petroni Cenci in
Roma... 1599. » — Fol. 395. « Relazione della morte di
Troilo Savelli, barone romano... » — Fol. 421. « Relazione della vita e costumi di papa Clemente Ottavo, il
quale fece decapitare Troilo Savelli... » — Fol. 443.
« Anno secondo di Sisto V, nel quale fece spiccare il te-
nore delle sue segnalate, non men che applaudite, gius-
tizie. » Cop. xixe s. (suppl. fr. 4269 [1-5].).

179. — « Chiara o aneddoti segreti del secolo xvi,
pubblicati da G.. M.. » (Copie d'imprimé). — Fol. 88.
« Indice delle materie che si contengono in questo tomo,
spettanti al Pontificato de Giulio III e Paolo IV. » (Au-
cune des pièces mentionnées dans cette table ne se re-
trouve dans le ms., sauf la suivante :) Fol. 99. « Relazione di Mr Bernardo Navagiero, tornato dall'ambasciaria
di Roma l'anno 1558, che fu poi cardinale. » — Fol. 265.
Certificat de bonne conduite durant la campagne du
Mincio, délivré à Henry de Beyle, le 13 août 1805. —
Cop. xixe s. (supp. fr. 4270).

Préface d'Henri Beyle.

180 — « Vita o sia notizie istoriche della nascità, vita
e morte di Sisto V, fedelmente copiate da un manos-
critto esistente nella biblioteca Vaticana e composto dal
cardinal Gabriele Paleotti, arcivescovo di Bologna. » —
Cop. xviiie s. (suppl. fr. 4664).

181. — « Conclave dell' anno 1623, nel quale fu
messa la prima volta in uso la bolla dell' elettione publicata da Gregorio XV, e fu creato Sommo Pontefice il
card^l Maffeo Barb[erin]o, detto Urbano VIII. » —
xviie s. (suppl. fr. 4970).

182. — « Diario di diverse cose notabili successe nel mondo, l'ultimo anno del Pontificato di Papa Paolo Quarto... » — xvi⁰ s. (suppl. fr. 4971).

183. — Deux bulles des Papes Grégoire XIII et Paul V, confirmant les traités passés avec les protestants d'Avignon et du comtat Venaissin. — Fol. 2 v°. Premier traité en 42 articles (Nîmes, 8 novembre 1578). — Fol. 18 v°. Second traité en 40 articles (Avignon, 1ᵉʳ juin 1589). — Fol. 30. « Articoli super quibus unanimiter conventum et concordatum fuit inter deputatos sanctᵐⁱ Pontificis et deputatos Regis, continentes declarationem.. et modificationem trantatus Nemausis.., » 1613. — Fol. 37. Acte (en latin) du recteur pontifical du comtat Venaissin remettant en vigueur les dispositions de la « paix de Paris » contre les hérétiques (Carpentras, 1540). — Fol. 53. Rapport fait en italien au cardinal Rusticucci sur la situation d'Avignon et du comtat Venaissin (31 mai 1585). — Minutes xvi⁰ s. (anc. 9887).

194. — « Conclave Carpentoractense, auctore Josepho Maria Suaresio, episcopo vasionensi, » après la mort de Clément V (en latin). — Fol. 8. Lettre en français annonçant la mort du pape Paul IV. — Fol. 10. Conclave du pape Grégoire IV (en français). — Fol. 43. « Extrait du conclave du siège vacant du pape Innocent IX, pour la création du pape Clément VIII. » — Fol. 47. Conclave de Grégoire XV. — Fol. 71. « Scrittura intorno all' elettione... del cardinal Lodovisio, » (Grégoire XV). — Fol. 179. « Raguaglio del succeduto in Roma dalla venuta del signor cardinale Medici... » (7 août 1644). — Fol. 185. « Discorso sopra il futuro conclave.., » durant la maladie d'Urbain VIII (1644). — Fol. 233. « Discorso sopra tutti i cardinali del sacro collegio divisi in diverse fattioni, loro imprese et altre osservationi degne da considerarsi » (1275 ou 1276). — Fol. 265. « Raguaglio d'alcune cose notabili seguite doppo la morte di Urbano Ottavo, con un breve discorso sopra li cardinali papabili. » — Fol. 277. Conclave d'Innocent X, le 15 septembre 1644. (Cette relation est attribuée au cardinal Gilles Albornoz). — Fol. 349. Relation du même conclave, attribuée au cardinal Alexandre Bichi. — Fol. 377 et 413. Récit en deux lettres du même conclave, attribué au cardinal François Rapaccioli. — Fol. 443. Copie d'une lettre au roi du marquis de St-Chamont (en français). (Rome, 12 octobre 1644). — Fol. 443. « Copie de la lettre escritte par le Roy à M. le marquis de St Chamond, son ambassadeur extraordinaire à Rome, » (en français). (Fontainebleau, 11 octobre 1644). — Fol. 444. « Copie de la lettre escritte (en français), par M^r l'ambassadeur [le marquis de St-Chamont] au cardinal Anthonio » [Barberini]. (Rome, 25 octobre 1644). — Fol. 444. « Copia della lettera del cardinale Antonio [Barberini] a la lettera del signore marchese de St Chamond, ambasciator della sua Maestà. » — Fol. 445. Retation du marquis de St-Chamont (en français). — Fol. 445. « Déclaration du marquis S^{to} Vito [Alfonso Theodoli]. (In Roma, li 16 ottobre 1644) ». — Fol. 445 v°. Nouvelle pièce justificative du marquis de St-Chamont, en français. — Fol. 447. « Difesa dell' Emm^{mo} [cardinale] Sacchetti di Giulio de gl' Oddi suo auditore. » — Fol. 449. Conclave d'Alexandre VII, par le cardinal Bernardino Spada. — Fol. 494. « Lettre à un seigneur de la cour sur la promotion de N. S. Père le Pape Alexandre VII, » (impr. français), par le sieur de Ceriziers, aumônier du roi, 1655. — xviie siècle (anc. 10034 ^{11}).

200. — « Memorie ed Annali del Pontificato di Sisto V. » — xviiie s. (anc. 10036 ^{7}).

203. — « Conclave di Papa Pio Quarto. » — Fol. 17. « Conclave di Papa Pio Quinto. » — Fol. 51. « Conclave

nel quale fu creato Paolo Quarto. » — Fol. 69. « Conclave
dove fu creato N. S. Papa Gregorio XIII. » — Fol. 81.
« Conclave di Papa Marcello Secondo. » — Fol. 99. «Discorso della Republica di Genova. » — Fol. 114. « Discorso alla Republica di Genova dalli Nobili... 1525. »—
Fol. 122. « Copia d'una lettera del Gran Duca di Toscana, scritta al signor Giov. Andrea Doria,... essortando
alla pace... » — Fol. 123 v°. « Risposta del signor
Gio. Andrea Doria... » — Fol. 129. « Lettera del signor
Gio. Andrea Doria... 1515... » — Fol. 132. Deux lettres
écrites au pape Grégoire XIII, en 1572, l'une par le roi de
Navarre, Henri de Bourbon, l'autre par le prince de
Condé. — Fol. 137. « Privata et secreta capitula, »
adressés aux cardinaux, pour l'élection de Clément VII
(en latin). — Fol. 168. « Relatione dell' Eccellent^{mo} signor
D. Filippo Pernisten, imperiale ambasciatore della
Maestà cesarea al Gran Principe di Moscovia, l'anno
1579. » — Fol. 192. « Relacion de el viage que hezimos
alla China desde la ciudad de Manila en las yslas del
Poniente, el anno de 1575 por mandado y con acuerdo
de Guido de Tabazares, governador y capitan general
que a la sazon era en estas yslas Philippinas » [en espa-
gnol]. — Fol. 289. Copies de correspondances diplomatiques qui vont jusqu'au fol. 351, et dont voici le détail :
« Monsr della Casa all' arcivescovo di Consa, nuntio di
N. S. Paolo Papa Quarto alla corte dell' Imperatore,
l'anno 1555 » ; — Fol. 291 v°. Al duca di Urbino » (15 août
1555) ; — Fol. 292. « Il cardinal Carrafa, instruttione data
al capitan Lorenzo Guascone » ; — Fol. 293 v°. Deux
lettres du cardinal Carrafa, l'une « al capitan Lorenzo
Guascone » (17 août 1555), l'autre au duc de Ferrare
(10 septembre 1552) ; — Fol. 294. « Il cardinal Carrafa, instruttione data a Ms. Gio. Andrea d'Abgubbio » (10 septembre 1555) ; — Fol. 297. « Il cardinal Carrafa al Re
Christianissimo » (14 septembre 1555) ; — Fol. 297 v°.

« Il cardinal Carrafa alla Regina » (même date) ; — Fol.
298. « Al Contestabile » (même date) ; — Fol. 298 v°.
« Capitolo d'una lettera [du cardinal Carrafa] al nuntio di
Francia » (14 septembre 1555) ; — Fol. 299. « Il cardinal
Carrafa, instruttione data al signor Anibale Ruccellai »
(même date); suit un « Memoriale », donné au même
personnage ; — Fol. 310 v°. « Monsr della Casa al signor Anibale Ruccelai » (15 septembre 1555) ; — Fol. 311.
« Il cardinal Carrafa al Re Christianissimo » (20 septembre
1555) ; — Fol. 311. « Il cardinal Carrafa al Contestabile »
(même date) ; — Fol. 311 v°. « Monsr della Casa al signor Anibale Ruccellai » (même date) ; — Fol. 313 v°.
« Il cardinal Carrafa al duca di Ferrara » (25 septembre
1555) ; — Fol. 314 v°. « Al cardinal di Ferrara » (même
date) ; — Fol. 315. « Il cardinal Carrafa al signor Anibale
Ruccellai » (même date) ; — Fol. 316 v°. « Al medesimo »
(1er septembre 1555) ; — Fol. 319. « Il cardinal Carrafa
al Contestabile » (même date) ; — Fol. 319 v°. « Il
cardinal Carrafa al signor duca di Ferrara » (deux lettres
à la même date) ; — Fol. 320 v°. « Il cardinal Carrafa al
Re Christianissimo » (14 octobre 1551) ; — Fol 321 v°.
« Il cardinal Carrafa alla Regina » (même date) ; — Fol.
322. « Il cardinal Carrafa al Contestabile ». — Fol. 322
v°. « Il cardinal Carrafa a Madama di Valentinois » ; —
Fol. 323. « Il cardinal Carrafa al cardinal di Loreno »
(14 septembre 1555) ; — Fol. 323 v°. « Il cardinal Carrafa al duca di Ghisa » ; — Fol. 324. « Al signor Anibale
Ruccelai Monsr della Casa » (13 octobre 1555) ; — Fol.
343. « Il cardinal Carrafa al Re Christianissimo » (15 décembre 1555) ; — Fol. 343 v°. « Il cardinal Carrafa alla
Regina » ; — Fol. 344 v°. « Al Re Christianissimo » ; —
Fol. 345. « Il cardinal Carrafa al Contestabile » ; — Fol.
346. « Il cardinal Carafa al cardinale di Loreno » (21 janvier
1556) ; — Fol. 347. « Instruttione data al duca di Somma »
(22 janvier 1556). — Fol. 352. « Relatione dell' infermità

et morte di Pio V° et d'altri particolari. » — Fol. 362.
«Informatione della qualità di Papa Pio Quinto et delle
cose che da quello dependono... » — Fol. 371. « Avertimenti dati al Cardinal Farnese nella sede vacante di
Papa Paolo Terzo. » — Fol. 385. « Avertimenti dati al
cardinale Farnese di Papa Paolo Terzo, nella sede vacante. » — Fol. 416. « Relacion de el viage que hezimos
a la China, nuestro hermano fr. Pedro de Alfaro con otros
tres frailes de la orden de el seraphico Padre S. Francisco de la provincia de S. Joseph, en el año de el S⁰ʳ
1579, fecha por mi, fr. Augustin de Tordesillas, testigo
de vista de todo lo que aqui va escrito » (en espagnol).
— Fol. 462. Bataille navale entre la flotte de Philippe
Strozzi et celle du roi Philippe II d'Espagne. — XVIᵉ s.
(anc. 10043¹).

213. Conclave fait à la mort de Grégoire XV pour l'é-
lection d'Urbain VIII. — Fol. 81. « Ragioni per le quali
gli eminentissimi sigʳⁱ Cardinali della Congregatione di
Stato devono persuadere a Nostro Signore il ricevere
l'Eccᵐᵒ Monsigʳ vescovo di Lamego [Michel de Portugal],
come ambasciatore d'obedienza del serᵐᵒ D. Gio[vanni]
Quarto, re di Portogallo, alla Santità sua. » — Fol. 123.
Droits du roi d'Espagne sur le Portugal (mémoire en
latin). — Fol. 157. « Memorial que el marques de Castel
Rodrigo presentó a su Magᵈ en 29 de henero, 1642 » (en
espagnol). — Fol. 163. « Breve relatione delle difficoltà
frapostesi nel radunare il congresso in Colonia avanti
l'Emᵐᵒ Sigʳ Cardˡ Ginetti, legato de latere, 1637-1639. » —
Fol. 233. « Instruttione al Sigʳ Cardˡ Ginetti, destinato
legato de latere dalla Santità di Papa Urbano Ottavo, per
trattar la pace universale nel congresso di Colonia. » —
XVIIᵉ s. (anc. 10048³).

218. — Copie de lettres émanant de la congrégation
des rites et adressées à des archevêques et évêques

d'Italie, du 3 septembre 1577 au 18 décembre 1582. — xvɪᵉ s. (anc. 10053⁵.)

Ce ms. porte la signature de Ballesdens.

222. — « Notice sur quelques graveurs de caractères d'imprimerie et sur quelques fonderies d'Italie, par Bodoni, de Parme, précédée d'une « Note des spécimen connus de caractères d'imprimerie qu'on peut se procurer en différentes villes d'Italie. » — xɪxᵉ s. (carton 2284).

Le texte est écrit en français et en italien.

223. — « Relazione della corte di Roma e de riti da osservarsi in essa, et de suoi magistrati et offitii, con la loro distinta giurisditione. » — xvɪɪᵉ s. (anc. 10068².)

224. — Autre exemplaire du n° **223.** — xvɪɪᵉ s. (anc. 10068⁴.)

Il y a une table au commencement.

225. — Autre exemplaire du n° **223.** — Fol. 114. Détails complémentaires de l'ouvrage précédent et relatifs à ce qui se passe lors de la mort d'un pape (il s'agit ici plus particulièrement de la mort de Clément VIII) et lors de la mort d'un cardinal. — Fol. 126. « Relatione della Republica di Venetia, fatta dal marchese di Bedmar, ambasciatore cattolico presso la serenissᵐᵃ Republica di Venetia. » — Fol. 246. « Relatione fatta nel senato veneto, alli 22 di novembre 1623, dall' Eccelᵐᵒ signor cavaliere Raniero Zeno, serᵐᵒ principe. » — Fol. 351. « Instruttione data dal marchese di Bedmar, già ambasciatore cattolico in Venetia a D. Luigi Bravo suo successore, circa il modo col quale si doverà governare nella sua ambasciatoria. » — Fol. 372. « Discours sur la légation du cardinal Barberin en Espagne. » xvɪɪɪᵉ s. (anc. 10068⁵⁵).

226. — « Relatione del clarᵐᵒ signor Marin Cavalli,

ritornato ambasciatore dal duca Emanuel Filiberto per la Ser^ma Republica di Venetia. » — Fol. 83. « Relatione del clar^mo signor Francesco Molino ritornato ambasciatore da Savoia per la Ser^ma Republica di Venetia, l'anno 1576. » — Fol. 119. « Relatione del clarissimo signor Francesco Barbaro, ritornato ambasciadore dal serenissimo signore duca di Savoia per la Serenissima Republica di Venetia. » — XVIIe s. (anc. 10069⁴).

232. — Résumé des guerres soutenues par le Saint-Siège de 1494 à 1557, avec des considérations sur l'opportunité et les moyens de défendre les États de l'Église. — XVIIe s. (anc. 10416²·²).

240. — Notes succinctes sur un projet de gouvernement de la Savoie et du Piémont, qui semblent avoir été rédigées à l'avènement de Victor Amédée II, sous la régence de Marie-Jeanne de Savoie (1675). — Les différents chapitres de ce ms. portent les titres suivants : « Governo. — Finanze et Avanzi. — Acquisti e Megliuramenti. — Camera e Conti. — Nota de Contabili. — Patrimonio e Corona. — Forti. — Religione. » — XVIIe s. (suppl. fr. 3601).

241. — Recueil de pièces poétiques, archéologiques et historiques, écrites en français et en italien, se rapportant à la Ligurie et surtout à la ville d'Albenga, le tout compilé par l'abbé Alessandro Costa. — XVIIe s. (suppl. fr. 5814).

242-244. — « Liguria sacra, » histoire ecclésiastique de cette province jusqu'en 1775, par le Rév. Francesco Maria Accinelli. — XVIIIe s. (suppl. fr. 5816-5818).

Le 3e volume est un supplément. — Des tables détaillées sont à la fin des 2e et 3e volumes ; ce dernier a aussi des planches.

253. — « Relatione delle cause d'Italia nel anno 1611. » — XVIIe s. (anc. 10061⁵·⁵).

Incomplet à la fin.

254. — « Relatione dell'Italia, fatta a 23 di settembre 1643 » (description des différents États de l'Italie). — Fol. 51. « Relatione della città di Roma, del 1641. » — Fol. 135. « Relatione copiosissima del regno di Cipri, del signor Ascanio Savorgnano. » — Fol. 205. « Relatione della gran città di Constantinopoli. » — Fol. 305. « Relatione dello stato della Cristianità di Pera e Constantinopoli obediente all Sommo Pontefice romano, » (divisée en 17 chapitres). — Fol. 410. « Descrittione dell'isola di Malta, con l'assedio di Solimano. » — XVIIe s. (anc. 10068[2-2]).

255. — « Relatione di Roma, di M. Bernardo Navigero, ambasciatore... di Venetia sotto Paolo Quarto. » — Fol. 278. « Sanctissimo D. N. Papæ, Urbano VIII, in ecclesia Dei præsidi, planctus catholicus juris gentium, pro legatione serenissimi ac potentissimi principis Johannis IV, regis Lusitaniæ, contra Castellanorum calumnias » (en latin). — Fol. 314. « Ragioni par le quali gl'Emin[mi] Sig[ri] Cardinali della Congregatione di Stato devono consegliare Nostro Signore a ricevere Ecc[mo] Monsr vescovo di Lamego, ambasciatore di obedienza del Seren[mo] D. Giovanni IV, re di Portugallo, appresso la Santità d'Urbano Ottavo » (voy. plus haut le ms. n° **213**, fol. 81). — Fol. 370. Réponse du roi d'Espagne (en latin). — Fol. 418. « Stabilimento fatto nelle Corti delli tre stati delli regni di Portugallo, sopra l'acclamatione, restitutione e giuramento delli medemi regni al potentissimo re D. Giovanni, il Quarto di questo nome. » — Fol. 456. « An regnum Portugalliæ habeat jus mittendi legatos ad principes externos » (en latin). — Fol. 464. « Memoriale dato a Nostro Signore Innocentio X°, per parte del regno di Portugallo. » — Fol. 474. « Discorso sopra l'antica monarchia francese, sua declinatione, dritti e pretensioni che tiene sopra l'Imperio. » — Fol. 508. « Lettera sopra il raggionamento che fece l'Imperatore Carlo Quinto l'anno 1536, venendo da Tunesi, in presenza di papa Paolo Terzo e Cardinali. » — Fol. 532. « Ragioni, in forma di memoriale, rappresentate da Don Giovanni Chiumazzero e Carillo, ambasciatore di sua Maestà Cattolica alla Santità di N. S. Papa Urbano VIII, contro la pretensione del vescovo di Lamego. » — xviie s. (anc. 10077[3]).

258. — Recueil de quelques lettres de Fra Paolo Sarpi de Venise à Mr de l'Isle Grotot (27 mai 1608-9 décembre 1610). — Au fol. 43, se lit une épître en vers latins adressée à Mr Gillot, conseiller à la cour de Paris. — xviie s. (carton 2329).

Un certain nombre de ces lettres ont une partie chiffrée et sont signées : PIETRO GIUSTI.

270-271. — « Storie fiorentine, dell'anno 1527 all'anno 1538, descritte da Benedetto Varchi.., » ouvrage dédié au duc Cosme de Medicis. — xvie s. (suppl. fr. 2840[1-2]).

272-273. — Histoire des ducs de Florence de la maison de Médicis (1510-1737). — A la suite du second volume on trouve : 1° le testament avec codicilles d'Anne-Marie-Louise, électrice palatine et grande princesse de Toscane (1739-1743) ; — 2° une pièce en vers latins adressée à cette princesse par le Dr Gio. Francesco Gori ; 3° le testament d'Eléonore de Gonzague, princesse de Toscane. — xviiie s. (suppl. fr. 2841[1-2]).

274. — Chronique de Florence par Gino di Neri Capponi (1405-1420), suivie des souvenirs de Gino Capponi arrivé à la vieillesse (1420) et d'une instruction donnée en 1413 par les Dix de Florence à Guido Capponi, alors ambassadeur de Florence à Venise. — xviie s. (suppl. fr. 2848).

275-276, 276 A-276 B. — Recueil de copies faites

en Italie par Giuseppe Canestrini et utilisées par M. Abel Desjardins pour son ouvrage des *Négociations de la France avec la Toscane.* — XIX⁰ s. (suppl. fr. 5508-5509, pour les deux premiers volumes).

277. — «... Descrizzione e verificazione di tutte l'Intrate e Rendite cosi de la republica [di Siena], comé anco delle comunità delle terre del dominio senese, sotto la protezione del Re cristianissimo, » (1558). — XVI⁰ s. (anc. 7057³⁰).

292. — « Relatione della Congiura contro Pier Luigi Farnese, duca di Parma e Piacenza, » (1547), écrite en 1595 par Giuliano Gozelini. — XVII⁰ s. (carton 525).

293. — Correspondances diplomatiques, dépêches du doge Giuseppe Maria et autres pièces, toutes relatives à l'intervention de la France dans les affaires de Gènes, durant l'année 1747. — XVIII⁰ s. (suppl. fr. 1420).

294. — « Annali della Republica di Genova, di Antonio Roccatagliata, dall'anno 1581 sino all'anno 1608, » en huit chapitres. — XVII⁰ s. (suppl. fr. 5813).

On lit en tête une note sur les propriétaires successifs de ce ms.

296-297. — 1ᵉʳ vol. — « Del re Alfonso Primo. — Fol. 29. « Degli amori di Ferdinando. » — Fol. 43. « Degli amori di Alfonzo secondo. » — Fol. 57. « Di D. Alfonzo et di D. Sangia d'Aragona, duca di Valentino et altri. » — Fol. 73. « Di D. Giovanni Ventimiglia e di D. Eleonora Macedonia. » — Fol. 81. « Di D. Beatrice d'Aragona. » — Fol. 89. « Di Laura Gentile. » — Fol. 97. « Di D. Isabella d'Aragona, duchessa di Milano e di Bari, e di Bona Sforza, sua figlia. » (La suite est au fol. 85). — Fol. 123. « Di Ercole d'Este e Costanza di Capua. » — Fol. 149. « Di D. Giovanni Antonio Tomacello. » — Fol. 157. « Di D. Antonio Bologna colla duchessa d'Amalfi. » — Fol. 181. « Di Col'Antonio Brancaccio et altre curiosità. » — Fol. 191. « Della morte di Giacomo Sanseverino, conte della Saponara e suoi fratelli. » — Fol. 201. « Di Giulia Caracciolo. » — Fol. 217. « Di D. Pietro di Toledo e di donna Vincenza Spinelli. » — Fol. 231. « Di Paolo Poderico. » — Fol. 237. « Del duca e duchessa di Palliano, Marcello Capece e Diana Brancaccio. » — Fol. 275. « Di Fabrizio Muscetolla. » — Fol. 283. « Di Marco Antonio Palagano. » — Fol. 289. « Degli amori di D. Giovanni d'Austria in Napoli. » — Fol. 299. « Di Giacomo Caracciolo. » — Fol. 309. « Di D. Carlo, conte di Montemiletto. » — Fol. 315. « Di don Giovanni Battista Lomellini. » — Fol. 321. « Di D. Elena del Tufo. » — Fol. 331. « Di D. Beatrice Moccia. » — Fol. 337. « Di D. Antonio della Quadra. » — Fol. 343. « Di D. Maria d'Avolos, principessa di Venosa, con Fabrizio Caraffa, duca d'Andria. » — Fol. 361. « Di D. Roberta Caraffa. » — Fol. 377. « Di D. Vencenzo Blanco o Blanchi. » — Fol. 385. « Della miserabile morte di... Ciccio Coppola. » — Fol. 399. « Delli Vergas Gaetani e compagni, con altre curiosità. » — Fol. 411. « Di D. Odoardo Vaaz, conte di Mola. » — Fol. 423. « Di Marcello Grasso. » — Fol. 427. « Di D. Peppa Zambrana, moglie di Paolo Malangone. » — Fol. 435. « Di D. Filippo de Duro ed altri. » — Fol. 443. « Di don Gaspare Sersale. » — Fol. 449. « Di Fabrizio d'Alessandro, Luiggi Capuano Cesare Tassone, Luiggi et Antonio Villamarino. » — Fol. 461. « Di don Alonso Sanges de Luna. » — Fol. 467. « Di don Giovanni Battista Caraffa di Castelvetere, conte della Grotteria e signore della Roccella. » — Fol. 477. « Di Laura Crispano. » — Fol. 485. « Di Maria Sanseverino, contessa di Nola. » — Fol. 495. « Di Diana de Luna. »

IIº vol. — « Di Diana Brancaccio. » — Fol. 21. « Di Diana Mastrogiudice. » — Fol. 35. « Di D. Isabella Gonzaga, marchesa di Pescara. » — Fol. 43. « Di Ferrante Caraffa e di Faustina Capecelatro. » — Fol. 55. « Di D.

Giovanni Francesco Diez y Carlon. » — Fol. 65. « Di Laura Felomarini. » — Fol. 73. « Di D. Giovanna Pignone. » — Fol. 79. « Di D. Catarina d'Azzia. — Fol. 87. « Di Berardino Sanseverino, principe di Bisignano. » — Fol. 105. « Amori del duca d'Ossuni in Napoli. » — Fol. 133. « Caso successo tra alcune dame entro la Chiesa di S. Paolo. » — Fol. 139. « Accidente successo a D. Anna Caraffa, principessa di Stigliano. » — Fol. 145. « Amori del conte di Melgara in Napoli. » — Fol. 155. « Di alcune gentildonne di Foggia. » — Fol. 185. « Di D. Teresa Vulcano. » — Fol. 201. « Di D. Giovanna e sua sorella, e di D. Giovanni Battista e don Andrea Cinicelli. » — Fol. 213. « Di Raimondo del Balzo. » — Fol. 227. « Grave accidente avvenuto a D. Carlo Caraffa, duca d'Andria. » — Fol. 235. « Inconvenienti tra le case di Conversano e Noja. » — Fol. 259. « Di D. Ottavia Caraccioli. » — Fol. 275. « Di D. Girolama Pignatelli, principessa di Avellino. » — Fol. 289. « Di N. N. Castrioti, moglie del barone Vagliani. » — Fol. 297. « Di D. Anna Procaccini e D. Giovanni Munnoz. » — Fol. 307. « Di D. Anna Pisano e D. Carlo Pagano. » — Fol. 315. « Di D. Beatrice Sersale e D. Isabella Sambiasi. » — Fol. 323. « Delle monache di Bologna. » — Fol. 335. « Di D. Vittoria Vitale e di Giuditta Coppola. » — Fol. 357. « Di Ramondina del Balzo, principessa di Salerno. » — Fol. 379. « Di Filosa Griffo. » — Fol. 383. « Di Mattia Griffo. » — Fol. 389. « Di fra Tommaso Canfranco. » — Fol. 397. « Di D. Beatrice Cortese. » — Fol. 405. « Accidente occorso a D. Gennaro Macedonis. » — Fol. 411. « Accidente occorso a D. Antonio Carmignano. » — Fol. 419. « Burla fatta all'uditor Ferrari. » — Fol. 425. « Accidente occorso a don Nicolò Narni. » — Fol. 431. « Della morte di D. Girolamo Capano. » — Fol. 435. « Della morte del marchese Pentidattolo et esterminio di sua casa. » — Fol. 443. « Di al-

cuni personaggi della famiglia Palo. » — Fol. 453.
« Di D. Faustina Liguoro. » — Fol. 459. « Di D. Giulio
Acquaviva e degli amori di Candida Pisano. » — Fol.
481. « Di donna Caterina Sanseverino. » — Fol. 489.
« Di donna Isabella Acquaviva. » — Fol. 499. « Di Pietro
Antonio Lanario. » — Fol. 517. « Di D. Isabella Co-
lonna, principessa di Venosa. » — Cop. xix° s. (suppl.
fr. 4265¹⁻²).

Annotations de la main d'Henri Beyle, qui a donné à ces deux
volumes le titre d'*Aventures napolitaines, 1450*.

298.— « Relatione del patrimonio reale del regno di
Sicilia, secondo lo stato dell' anno presente 1702. » Ce
budget, établi par Doit et Avoir, est suivi de remarques
sur certains articles importants. — xviiiᵉ s. (suppl.
fr. 4918).

Nombreuses annotations en français.

299. — Le volume qui est tout entier l'œuvre du Dʳ
Aniello della Porta, comprend : — « Causa di strava-
ganze o vero giornale istorico di quanto piu memora-
bile è accaduto nelle rivoluzioni di Napoli, negl' anni
1647 e 1648 » (le journal est prolongé jusqu'au 3 juin
1655). — Fol. 105. « Sonetto in lode di Masaniello. » —
Fol. 105 v°. « Elogio di Marco, o sia Marchetiello di
Lorenzo Beccajo. » — Fol. 106 v°. « Elogio di Gasparo
Roomer, richissimo negoziante in Napoli. » — Fol. 107.
« Elogio del reggente Giancamillo Cacace. » — Fol. 108.
[Elogio] « di Bartolomeo d'Aquino, principal negoziante
in Napoli. » — Fol. 109 v°. [Elogio] « di D. Anna Carafa,
principessa di Stigliano, duchessa di Medina e vice-
regina di Napoli. » — Fol. 112. Notes sur un certain
nombre de personnages marquants de Naples. — Fol. 119.
« Memorie di alcuni capitani e ministri del popolo,
nominati nella presente istoria. » — Fol. 139. « Della

peste di Napoli, dell' anno bisestile 1656. » — xvii^e s. (suppl. fr. 5135).

302. — « Relatione del negotiato tra l'Em^{mo} Spada, plenipotentiario di N. S. e monsiù di Lione, et altri deputati della Lega sopra il deposito di Castro per aggiustamento delle differenze, che vertono tra S. B^{ne} et il duca di Parma, 1642. » — xvii^e s. (carton 525).

308. — « Congiura del marchese di Bodemar, ambasciatore di Spagna in Venezia, del duca d'Ossona, di D. Pietro di Toledo e d'altri, contro la republica di Venezia, fatta l'anno 1618, » par Alessandro Zilioli. — xviii^e s. (suppl. fr. 2834¹).

309. — « Aggionta all' historia d'Alessandro Ziliol della Congiura contro la republica di Venezia, nell' anno 1618. » — xvii^e s. (suppl. fr. 2834²).

310. — Même ouvrage que le n° **308**. — xvii^e s. (suppl. fr. 2834³).

312. — « Relatione de Alvise Contarini, cavalier, ritornato dall' ambasciatoria di Munster. » — xviii^e s. (suppl. fr. 2862).

313. — « Relatione dell' Ecce^{mo} signor Alvise Mocenigo Quarto, kavalier e procurator, ritornato dall' ambasciata estraordinaria al re delle due Sicilie, presentata in Segreta li 17 dicembre 1739, e non letta ancora all' Ecce^{mo} Senato. » — Suivent : 1° « Copia del biglietto originale citato nella Relazione, nella qual esiste. » — 2° « Pro memoria, 12 dicembre 1828. Elenco di Relazioni ambasciatorie, tenute dal Co. Piero Mocenigo. » — 3° « Registro delli dispacci di sua Eccellenza Messer Alvise Mocenigo Quarto, cavalier e procurator, ambasciator estraordinario al re delle due Sicilie, quali cominciano ultimo marzo 1760, e terminano 9 settembre 1760. » — xviiie s. (suppl. fr. 3107).

314. — « Relatione fatta dall'Illmo Signore Hurault di
Maisse, mandato ambasciatore per il Re Christianissimo
verso la Seren^a Republica di Venetia, nel mese di
novembre 1582, » jusqu'au 28 décembre 1586. — Fol.
70. « Lettres par lesquelles on verra l'intention de ceux
qui servoient Monsieur du Mayne a Rome, lors de la
Ligue ; icelles copiées sur l'original qui fut envoyé au
Roy. » (Ces lettres au nombre de neuf sont écrites en
français ; la dernière est en chiffres). — Fol. 83 v°. Clef
d'un chiffre qui doit sans doute être celui de la dernière
lettre. — xviiᵉ s. (anc. 9291 [19]).

Les feuillets 38-69, 78-82 sont blancs.

328. — « Discorso di fra P[aolo Sarpi], v[eneto], al
Ser^mo Doge di Venetia sopra la materia dell'Inquisitione. » — Fol. 52. « Epitome vitæ Fr. Pauli Sarpii, veneti,
ex ordine Servorum, a fratre Fulgentio ejusdem ordinis
descripta » (en latin). — Cop. xviiᵉ s. (anc. 10058 [2]).

336. — « Relatione del clar^mo M. Girolamo Lippomani
nel ritorno de Polonia, fatta all'eccellentissimo senato
Venetia » (1575). — Fol. 109. « Jo. Aloysii in Genuensem
Rempublicam suam conspiratio, ad rei veritatem dili-
genter descripta » (en latin). — Fol. 145. « Copia di una
lettera, scritta dal Cardinale di Lorena a Pio Quarto
circa li dispareri et differenze nate tra gli ambasciatori
di Francia et Spagna nel Concilio di Trento. » — Fol.
150 v°. Copie d'une lettre du pape au cardinal de Lorraine. — Fol. 153. Conclave à la mort du pape Marcel II,
1555. — xviᵉ s. (anc. 10108 [3]).

On lit en tête du ms. : « Bourdier estant à Venize au mois de
febvrier 1587. »

338. — « Summario o vero raccolto fedelissimo de
diverse cose notabili ricavate essatamente dalle croniche
veridiche le piu pretiose et stimate, che si attrovano in
Venetia, concernenti la Republica et altri successi parti-

colari in questo governo ; il tutto con ogni diligenza »
(de 804 à 1615). — xvii° s. (anc. 10124²).

343. — Armorial des familles nobles de Gènes en
1693 (planches coloriées). — xvii° s. (suppl. fr. 2395).

344-345. — « Origine della famiglia de Medici. » —
xviii° s. (suppl. fr. 2833¹⁻²).

346. — Mention d'un certain nombre de vols, rapts,
etc., commis aux environs de Pistoia, au xvi° s.— Fol. 3.
Notice sur les familles nobles de Pistoia. — xvii° s.
(suppl. fr. 2849).

347. — « Discorso dell'originne di casa Colonna
circa le differenze che vertono tra signori Ursini, dove
anco si tratta di titoli, richezze e vittorie havute dalli
loro antenati. » (Le fol. 2 doit être placé après le fol. 6).
— Fol. 9. « Relationne dell'attacco fatto dal maresciallo
di sua Maestà Cesarea il conte Piccolomini nelle trinciere
e quartieri dell'inimico fortificato all'incontro di Teon-
ville et, battaglia seguita dalla mattina de' sette di
giugno [1639] sino alla sera delli otto, con la totale diffata
dell'armata francese comandata dal generale Fighieres. »
— Fol. 25. « Relatione della venuta a Roma del Gran
Duca e del Prencipe Giovanni Carlo, suo fratello, marzo
1628. » — Fol. 48. « Discorso intorno a donativi che si
fanno da Napolitani alla Maestà del Re Cattolico, fatto
con l'occasione della souvenzione chiesta da don
Fernando Enriquez de Ribera, duca d'Alcalà e Vice Re
di quel regno, l'anno 1629... » — Fol. 83. « Provisione
de vescovi, institutione de canonici regolari, e de gli
uffici di Penitentiero, Vicecancelliero, e Camerlengo, e
delle età e monarchie del mondo. » — Fol. 103. « Relatione del successo fra il signor ambasciadore cattolico et
monsignor vescovo di Lamego, ambaciatore di Portugallo. » — Fol. 119. « Manifesto del signor ambasciatore

di Francia circa il capitolo generale de Carmelitani scalzi et clettione del loro P. Generale, nel 1683, per Gioseppe Mollo. » — Fol. 131. « Lettera di Monsig^{er} Agostino Mascardi circa la censura fatta al suo libro intitolato *la Congiura di Genova del Co. Fieschi*. » — Fol. 140. « Scrittura data da Monsieur Gabon, ambasciatore del Re Cristianisimo alla Maestà Cesarea, a dì 22 giugno 1629. » — Fol. 145. « Responsum nomine Cesaree Majestatis ab legato regis Gallice. Datum 24 junii 1629 » (en latin). — Fol. 148. « Replico di Monsiur Gaboan,... » — Fol. 157. « Ordine della Casa dell' Imperatore. » — xviie s. (suppl. fr. 3599).

348. — Même ouvrage que le n° **344**. — xviii^e s. (suppl. fr. 4914).

349. — « Relazione dell' origine della reale casa di Savoja, delle politiche de' ministri della corte di Torino, ed altre notizie concernenti il buon governo degli stati di antiqua e nuova conquista, di Marco Foscarini, ministro straordinario della Serenissima Republica di Venezia appresso Sua Maestà il re di Sardegna. » — Page 135. « L'état des rentes de Sa Majesté le roy de Sardaigne,.... des régiments de cavallerie et infanterie, des ordres religieux et des personnes habitantes dans la ville de Turin, » en 1764. — xviiie s. (suppl. fr. 5596).

367. — « Vita del beato Girolamo Savonarola da Ferrara,.... » par le P. F. Anton. Fortun. de Greyss, prieur du couvent du S. Esprit de Sienne. — Cop. d'imprimé. 1755 (suppl. fr. 2858).

368. — Notices sur différents cardinaux, dont les noms suivent :

Fol. 1. Lodovico Portocarrero. — Fol. 3. Emanuele Teodosio della Torre Buglione. -- Fol. 4. Cesare d'Etré.

— Fol. 7. Pietro Ottoboni. — Fol. 12. Enrigo della Grance e d'Arquiien. — Fol. 15. Vincenzo Grimani. — Fol. 20. Cornaro. — Fol. 22. Gio. Battista Costaguti. — Fol. 24. Francesco del Giudice. — Fol. 27. Gio. Francesco Albani. — Fol. 31. Lorenzo Alfieri. — Fol. 32. Savo Mellini. — Fol. 38. Bandino Panciatici. (Les fol. 34-37 doivent être placés entre les fol. 38 et 39). — Fol. 40. Gio. Battista Spinola, alias S. Cesareo. — Fol. 44. Luigi Omodei. — Fòl. 46. Giacomo Cantelmi. — Fol. 48. Galeazzo Marescotti. — Fol. 51. Luigi di Suza. — Fol. 53. Gio. Battista Rubino. — Fol. 55. Pier Matteo Pietrucci. — Fol. 58. Tussano di Giansone di Fourbin. — Fol. 62. Fra Vincenzo Maria Orsini. — Fol. 64. Gasparo Carpegna. — Fol. 67. Nicolò Acciaoli. (Les fol. 70-71 doivent être placés entre les fol. 67 et 68). — Fol. 68. Fabritio Spada, romano. — Fol. 72. Benedetto Pamfilio. — Fol. 74. Carlo Barbarini. — Fol. 76. Carlo Bichi. — Fol. 80. Fra Tomasso Ferrari. — Fol. 82. Stefano Camus. — Fol. 86. Giuseppe Sacripante. — Fol. 89. Fabritio Paulucci. — Fol. 92. Fra Enrico Norii. — Fol. 96. Francesco Barberini. — Fol. 98. Sperelli. — Fol. 101. Gio. Francesco Negroni. — Fol. 105. Leandro Colloredo. — Fol. 109. Pietro Bonsii. — Fol. 111. Francesco Nerli. — Fol. 113. Ferdinando d'Adda. — Fol. 115. Gio. Battista Spinola. — Fol. 118. Giacomo Antonio Moriggia. — Fol. 122. D'Aste. — Fol. 125. Taddeo Luigi dei Verme. — Fol. 128. Giacomo Boncompagni. — Fol. 130. Gioseppe Renato Imperiale. — Fol. 134. Fra Pietro Salazar. — Fol. 137. Urbano Sacchetti. — Fol. 139. Leopollo Kolonitz. — Fol. 141. Marc' Antonio Barbarigo. — Fol. 143. Rodolovich. — Fol. 145. Marcello Duralli. — Fol. 149. — Gugliemo di Furstemberg. — Fol. 153. Sebastiano Antonio Tanara. — Fol. 158. Francesco Mª Medici. — Fol. 160. Michele Radquicuski. — xvii^e s. (suppl. fr. 4295).

369. — « La veridica vita del cardinal Giulio Mazza-
rino. » — Fol. 348. « Relatione sopra le piazze occupate
dalla Francia nella provincia di Lucemburgo contro il
concertato e stabilito nella Pace di Nimega. » — Fol.
352. « Ricordo giovevole a molti.. » —Fol. 359. « L'ombra
del già cardinale Giulio Mazzarini. » — Fol. 370.
« Reassunto del testamento del cardinal Giulio Mazza-
rino. » (La pagination est fautive). — Fol. 378. « Copia
della lettera scritta da Luiggi XIV, re di Francia, a
Filippo V, re della Spagna. » — xviie s. (suppl. fr.
5485).

371. — « Il colosso Mazarino, figurato in un Marte
bellicoso et in un Giano pacifico. » — xviie s. (anc.
9791⁴).

L'ouvrage est dédié à Charles Emmanuel II, duc de Savoie.

374. — « Historia d'Antonino Castaldo, napolitano,
principal notaro del regno, che tratta non solo delle
cose occorse in Napoli nel tempo che fu vicere don
Pietro di Toledo, marchese di Villafranca, ma d'alcuni
particolari molt' anni prima di detto governo, insino
alla rebellione di Ferrante Sanseverino, principe di
Salerno, et della venuta d'Antonio Perrenoto, cardinal
Granvela, successore nel detto governo, » 1571. — xviie
s. (anc. 9977²).

375. - « Teatro degli uomini illustri di Sicilia, » par
Noventerio. Recueil de notices sur de nombreux personnages, légendaires ou autres, appartenant à la Sicile,
accompagnées de médaillons représentant ces personnages. Les notices s'arrêtent au fol. 86, mais les médaillons vont jusqu'à la fin du volume. — xviie s. (anc.
9978).

377. — « Diario del viaggio fatto del cardinal Pietro

Aldobrandini nell' andare legato a Firenze per la celebratione del sponsalitio della regina di Francia, et in Francia per la pace, » 1601. — XVII⁰ s. (anc. 10074ᵇ).

Aux armes de LOMÉNIE DE BRIENNE.

381. — « Relatione di Germania, fatta in tempo dell' imperator Ridolfo II d'Austria. » — Fol. 19. « Nota delli prelati di Germania, alla quale è aggiunta ancora quella de prelati d'Ungheria, et una lista dell' Accademic et Università publiche di Germania e gl' archivescovi. » — Fol. 23. « La relatione di Germania del Nani. » — Fol. 65. « Discorso d'orator veneto, fatto alla sua Republica sopra il governo, stati e qualità del cattolico re Felippo III. » — Fol. 80. « Delli regni proprii delli Spagnoli e dell' inimici regni, uniti e discordi. » — Fol. 87 v°. « Relatione della corte e di tutti li regni di Spagna, del 1627, dell' Ecc^mo signore ambasciatore ordinario per la Sereni^ma Republica di Venetia. » — Fol. 131. « Relatione di Spagna, del signor procuratore Basadonna. » — Fol. 175. « Sopra la ritirata del re di Francia. Madrigale. » — Fol. 177. « Instruttione a gl' ambasciadori del Re Cattolico per la Corte di Roma. » — Fol. 195. « Istruzzione al Vice Re di Napoli. » — Fol. 211. « Relatione della Corte di Roma alla Ser^ma Republica veneta, fatta dal cavaliere Mozzenigo, ambasciadore alla corte di Roma appresso la Santità di papa Clemente X°. » — Fol. 258. « Relatione di Francia dell' Ecc^mo signor Gio. Morosini, ambasciadore veneto, l'anno 1670. » — Fol. 278. « Instruttione del signor Bali' di Valavise, ambasciadore del Re Christianissimo al suo successore in Roma. » — Fol. 308. « Relatione di... Daniel Barbaro, fatta nel senato doppo la sua legatione d'Inghilterra. » — Fol. 332. « Relatione dell' Ecc^mo Sig^r Piero Mocenigo, cavalier, ritornato dall' ambas^m d'Inghilterra, portata in senato 1671. » — Fol. 352. « Relazione dell' Illmo Sig^r Chris-

toforo Valier, ritornato da quel Bailagio l'anno 1615. »
— Fol. 390. « Discorso di Malta della religione di San
Giovanni Hierosolimitano. » — Fol. 402. « Narratione
d'alcune cose di Cipro. » — Fol. 406. « Relatione del
clariss^mo Sig^r And^a Boldù, ritornato d'ambasciatore ordinario dal Ser^mo Sig^r duca di Savoia. » — Fol. 428.
« Relatione del sito, stato, grandezza, forze, ricchezza,
entrata e speza del Gran Duca di Toscana. » — Fol. 459.
« L'etat present de la religion cretienne dans l'Europe,
ou denombrement des cretiens qui y habitent » (en fr.).
— Fol. 467. « Revenus des Princes et Etats de l'Europe » (en fr.). — xviie s. (suppl. fr. 4921).

385. — « Mémoires du siège de Candie » : Fol. 2.
« Diario del' assedio di Candia a 22 d'agosto. » — Fol.
10. « Relatione della Candia con tutto quelche è successo
dal mese di luglio del presente anno 1668 », jusqu'au 4
octobre. — Fol. 54. « Relation de Candie du 21 no
vembre 1668. » — Fol. 56. « Estat des armées de mer et
de terre, envoyées par le Roy treschrestien en Candie,
en la présente année 1669, » (impr. français). — « Relation de l'embarquement de l'armée navale de France
allant au secours de Candie ; d'Aix le 8 de juin 1669 »
(en français). — Fol. 59. « Liste des volontaires françois
tués et blessés au siège de Candie, le 7 de décembre
1668 » (en français). — Fol. 60. « Lettre du pape
Clement IX au mareschal de Bellefonts, » du 7 septembre
1669 (en français). — Fol. 61. « Lettre du Doge de Venise
au mareschal de Bellefonts, » du 6 septembre 1669 (en
français). — Fol. 62. « Lettre de Monsieur de St André
Montbrun à Monseigneur le Prince. De Candie, le 7
septembre 1669 » (en français). — Fol. 68. « Articles de
paix accordés entre le Grand Seigneur et la Republique
de Venise par le premier Vizir et le generalissime Morosini, le xvi de septembre MDCLXIX » (en français). —

Fol. 70. « Lettre du Grand Seigneur aux Bachas de la Bossine et autres lieux sur la paix par luy faite avec la Republique de Venise, 1670 » (en français). — xviiᵉ s. (anc. 10269⁴).

386. — « Chronica del regno di Cipro, di Diomede Strambaldi, ciprioto. » — xixᵉ s. Copie incomplète, « obscœnitatis causa, » d'un ms. du Vatican (suppl. fr. 2923).

387. — « Fr. Amadi. Cronica di Cypro. » — xixᵉ s. Copie d'un ms. de la bibliothèque de St Marc (suppl. fr. 3021).

391. — « Turbolenze di Francia, anno 1650. » — xviiᵉ s. (suppl. fr. 2843).

392. — « Relazione dell' Illᵐᵒ Sigʳᵉ Gerolamo Capello, il Savio del Consiglio, quando è Alvise ritornato di Bailo di Constantinopoli, rifferita in Senato, adì 26 febraro 1600. » — xviiᵉ s. (suppl. fr. 2851).

Sur papier rose.

393. — « Historia del Re Giannino di Francia. » (Copie d'un ms. de la bibliothèque Barberini). — Fol. 219. « Lettres de Nicolas de Rienzi. » — xviiiᵉ s. (suppl. fr. 2879).

394. — « Relatione di Francia riferita dal Clarᵐᵒ Giovanni Cornaro, ritornato ambasciadore daquel regno dopo la pace fatta con gl' Ugonotti, l'anno MDLXXI. » — Fol. 63. « Dux Niverinorum audiendus videtur in causa Regis Navarre » (en latin). — Fol. 80. Autre pièce portant le même titre que la précédente (en italien). — Fol. 85. « Se il Navarra, facendosi Cattolico debba essere dal Papa ribenedetto et accettato per Re di Francia. » — Fol. 95. « Sommario delle ragioni per le quali Monsr di Perona persuade al Papa la rebenidittione di Navarra, 1595. » — Fol. 99. « Sommario lasciato dal Duca di Nivers a Nostro Signore alla sua partenza di Roma... » — Fol. 208. « Relatione della riconciliatione et assolutione et rebeneditione del Ser^{mo} Henrico Quarto..., nel portico di S. Pietro, alli 17 di settembre 1595... » — Fol. 242. Lettre d'Henri de Bourbon, prince de Condé, à la Reine mère, le 3 février 1614 (en italien). — Fol. 248. « Copia della riposta della Regina regente... di 19 di febbraro 1614. » — Fol. 261. « Meriti della Corona di Francia, » en faveur de la papauté. — Fol. 373. « Demeriti. » — Fol 276. « Commentarii del regno di Francia. » — xviie s. (suppl. fr. 2992).

396. — « Discorso, » par Le Secq, « della regenza della Ser^{ma} Regina, » Maria di Medicis, « diviso in due parti : Nella prima si tratta della quiete del regno ; nella seconda (fol. 60) de' movimenti. » — 1615 (anc. 9225).

397. — Autre exemplaire du n° **396.** — 1615 (anc. 9225³).

400. — Négociations du traité de Vervins, 1598 (en italien). — xviie s. (anc. 9763).

401. — « Breve sommario di quanto è sequito in Franza di notabile giornalmente dal primo d'agosto MDLXXXVII alli xxiv settembre MDXC. » — xvie s. (anc. 9770⁶).

402. — « Relatione di M. Gio. Correro, veneto, ambasciatore in Francia... l'anno 1568. » — Fol. 81. « Relatione del re Francesco Primo di Francia, fatta dal clarissimo Marino de Cavalli ambasciatore veneto in quella corte. » — xvie s. (anc. 10078³).

403. — « Speditione in Inghilterra del conte Carlo

Rossetti e suoi negotiati per la religione cattolica, » suivi
de « Si dà principio al nuovo Parlamento in Londra.
Determinationi strane che ne seguirono contro il Re e
contro i Cattolici. Partenza del Rossetti d'Inghilterra,
e sua dichiaratione in nuntio straordinario in Colonia, »
de 1639 à 1641. — xvii° s. (suppl. fr. 3081).

405. — « Traitté de tous les estats d'Espaigne, du
revenu et despence d'yceux. » Ce mémoire, écrit en
français, se divise en 11 chapitres : « Divisions de
l'Espagne ; — de l'estat de Milan ; — du royaume de
Naples ; — de la Sicille ; — de Flandres et Pays Bas ; —
estat de tous les revenus et rentes du Roy d'Espagne ;
— estat de toute la despence qui se fait en Espaigne et
autres estats du roy d'Espagne ; — estat du revenu de
Portugal, toutes les charges portées tant de terre que
de mer ; — catalogue de tous les seigneurs qualifiés
d'Espagne, leurs races, maisons, estats et rentes tant
des ducs, marquis, etc ; — de l'estat de Florence ; —
brief estat des royaumes d'Espagne et de Portugal. —
Fol. 20. Lettre datée de Madrid (28 janvier 1643), relative
à la disgrâce du comte duc de San Lucas. favori du roi
Philippe IV d'Espagne. — xvii° s. (suppl. fr. 1742).

Ce ms., appartenant d'abord à M. de la Marguerie, conseiller
d'État, a été acheté le 11 septembre 1696 par le frère Léonard de
Ste Catherine de Sienne, augustin déchaussé.

406. — « Relatione del clarissimo monsignor Michiel
Suriano, cavallr, ambasciator ritornato dal serenissimo
Re di Spagna. » — Fol. 25. « Relatione del Re de Romani del clarissimo illustrissimo Michiel Suriano, ambassador veneto, tornato da Sua Maestà », (en 1557). —
xvii° s. (suppl. fr. 2461¹).

407. — « Memoriale dato al Re Cattolico contro il
conte d'Olivarès dopo la sua caduta, li 10 ottobre 1643. »
— xvii° s. (suppl. fr. 3029⁴).

408. — « Ordinatione fate per lo S^ore En Pere Terzo, re de Aragona supra lo regimento de tuti li officiali de la sua corte. » — xvie s. (anc. 9991).

Le premier feuillet porte les armes de Pedre III ; la reliure du temps est aux armes d'Henri II.

410. — « Indice cronologico analatico delle stampe emanate dalli 22 Piovoso fino a tutto Pratile, anno 6° republicano. » — Cop. xviiie s. (carton 2290).

413. — « Origine de l'inclita casa ottomana, » traduction italienne faite sur le texte turc de Saidin, par Vincenzo Bratutti. Première partie suivie d'un commencement de traduction française. — Cop. d'impr., xviie s. (suppl. fr. 4181).

417. — « Congrès d'Utrecht et de Baden. » Lettres de l'envoyé vénitien (4 avril 1712-8 octobre 1714). — xviiie s. (suppl. fr. 1418).

419. — Histoire d'Europe depuis la guerre de Hollande jusqu'à la paix de Nimègue, par Felician Visconte, comte de S. Majolo. Le premier livre. — xviie s. (suppl. fr. 3555).

420. — « L'Europa sottosopra, dialogo tra il Gallico e il Teutonico. » — Fol. 17. Testament de Christine, reine de Suède (Rome le 1er mars 1689). — Fol. 21. » Copia di lettera scritta da uno che ama la verità, nella quale si responde alli motivi insusistenti, publicati dal Christianissimo Re per giustificare la guerra ch'egli dichiara al Re Cattolico, tradotta dallo spagnolo. » — xviiie s. (suppl. fr. 3600).

421. — Résumés de correspondances politiques (1570-1571). — xvie s. (suppl. fr. 3817).

422. — « Relation del gran regno degli Abissini, popoli d'Ethiopia, » par Don Baldassare, abyssin, chevalier de l'ordre de Saint-Antoine. — xviiᵉ s. (suppl. fr. 5598).

431. — « Breve relatione in compendio delli viaggi dal cavalier Fra Alessandro Bichi..» (1675-1697). — Fol. 8... « Descrittione delli studii et esercitii del cavaliere Fra Alessandro Bichi, poi marchese Ruspoli. » — Fol. 13. « Instruttione et avvertimenti necessarii per far longhi viaggi tanto per mare che per terra, » par Aless. Bichi. (?) — Fol. 44. « Leges sive cautiones peregrinantibus observande » (en latin). — Fol. 50. « Distinto catalogo delle città, terre, castelli, ecc., del viaggio fatto da Fra Aless. Bichi... nelli anni 1695, 1696, 1697... » — Fol. 60. « Distinta relatione del viaggio fatto da cavalier Fra Alessandro Bichi, nelli anni 1695, 1696 e 1697. « — xviiiᵉ s. (suppl. fr. 2844).

432. — « Dell'istoria delle alpi marittime libro terzo, » par Gioffredo. — Cop. xixᵉ s. (suppl. fr. 4524).

Extrait d'un ms. des archives de la cour à Turin.

436. — « Prospectus of a Plan of Philosophy contrary to all modern systems and founded on the Word of God. » Cet imprimé anglais est surchargé de notes et corrections de la main de l'auteur, Florent Galli (Fiorenzo Gallo), qui lui a donné dans sa lettre d'envoi le nom de « Beautés de la Bible, » bien que ce ne soit que le prospectus de vente de l'ouvrage suivant. — Fol. 17. « Monas hieroglifica de Jannes Dee, base fondamentale de mon heptarchie universelle, ou *Tabula philologica*, publiée à Londres en 1833, » par Fiorenzo Gallo (en latin). — Fol. 56. « Temistocle, tragedia di Fiorenzo Gallo. » — xixᵉ s. (suppl. fr. 2966).

Envoi autographe de l'auteur à la Bibliothèque.

437. — « Trattato di filosofia generale. » — xviiiᵉ s. (suppl. fr. 4724).

443. — Traités de cabale : « Liber circulorum ; .....
Suposicione... in sciencia de Avicena;... De vita soli-
taria quam exponit Avecboni Abubachar ben Alzai. » —
XVIe s. (anc. 7745[3]).

453. — « Opera di merescalcia, » par M. Frances-
chino, cavallarizzo generale del conte di Pitigliano (ms.
copié par Crocino le 24 février 1569). — XVIe s. (7246[2]).

471. — Pièces officielles relatives aux musées de
Rome sous le premier Empire : 1° Inventaire des objets
d'arts du musée du Capitole, fait en 1812 (italien et
français) en 3 parties. — 2° et 3° Inventaires des musées
Chiaramonti et Clémentin au Vatican (1811). — 4° Inventaire des antiquités existant dans les magasins du
musée du Vatican. — 5° Rapport à l'Empereur sur l'opé-
ration faite au temple de Jupiter tonnant. — XIXe s. (suppl.
fr. 3284).

473. — « Dimostrazioni fatte a penna... per formar
bene ciascuno de cinque ordini d'architettura..., » par
Galgano de Bichi. — 1725 (suppl. fr. 2863).

475. — « Constitutioni delli musici di Castel Sant
Angelo, » accompagnées d'une bulle du pape Clément XI du 27 janvier 1706. — Vélin. Peintures. XVIIIe
s. (suppl. fr. 2835).
Aux armes de l'archevêque Laurent Corsini (15 mars 1713).

477. — « Diverses pièces manuscrites touchant la
langue illyrique » (latin et italien). — XVIIIe s. (suppl.
fr. 627).
Extrait des papiers de l'abbé Ignace de Georgi.

478. — Inventaire de la bibliothèque du cardinal Mazarin à Rome. » — Fol. 19. Extraits des comptes de
Naudé, bibliothécaire du cardinal Mazarin. — XVIIe s.
(suppl. fr. 4256).

479. — Catalogue méthodique d'une bibliothèque historique. — xviie s. (suppl. fr. 4475).

480. — « Catalogue des livres orientaux de la bibliothèque de Florence, dressé par M. d'Herbelot. » — xviiie s. (anc. 10547).

494. — L'apologista confutato. Risposta alle calunnie d'un difensore della guerra francese contro la mossa e giustitia dell'armi cesaree. » — xviie s. (suppl. fr. 2461[4]).

498. — « Vita del B. Brandano da Siena. » — xviie s. (suppl. fr. 2836).

505. — Correspondance entre le cardinal Querini, évêque de Brescia et monseigneur Borgia, archevêque de Fermo (1746-1747). — xviiie s. (suppl. fr. 2852).

506. — Lettres du cardinal Mazarin (1648). — Copies xviie s. (suppl. fr. 3288).

507. — « Instruttione data al signor di Sabran, inviato dal Re verso il Doge e Signoria di Genova. » — Fol. 3. « Risposta del duca di Mantova al signor Commissario imperiale, e copia degli articoli proposti. » — Fol. 7. « Ferdinando II... romano imperatore... alle tre leghe grise... in Churwalden (1629). » — Fol. 9. « Trattati di pace... tra la maestà del Re Cattolico et l'Altezza di Savoja » (1615). — Fol. 10. « Lettera del vescovo di Vicenza, ambasciatore del duca di Mantua presso l'Imperatore, scritta al detto duca, di Vienna li xxi agosto 1628. » — Fol. 14. « Lettera del duca di Savoja alla Republica di Genova sovra l'acquisto di Zuccarello (1644), » avec la « Risposta. » — Fol. 15. « Memorie del card. Bentivogli. » — Fol. 25. « Relatione al serenissimo Doge di [Venetia]... fatta dal signor ambasciatore N. Contarini... 1647. » — Fol. 32. « Relatione del trattato di pace fatto nell'assemblea tra li deputati del Re Christianissimo e del Re Cattolico e del duca di Savoja... » (1598). — xvii° s. (suppl. fr. 3604).

508. — Recueil de lettres de Fra Paolo Sarpi (1608-1610), suivies de deux pièces de vers latins et de quelques notes latines d'histoire naturelle. — xvii° s. (suppl. fr. 4172).

509. — Lettres originales d'Ugo Maffei (1662-1668). — xvii° s. (suppl. fr. 4253).

510. — « Discorso intorno alla creatione dei Cardinali riservata del Pontifice alla Santità di N. Signore Urbano 8°. » — Fol. 12. « Ragioni per le quali fu mosso il serenissimo principe cardinal d'Este ad intervenire al concistoro, nel quale si proposero le chiese di Portogallo. » — Fol. 24. « Risposta de' Spagnoli alla scrittura che contenie le ragioni per le quali il s^r cardinal d'Este non s'ingerisce negl'interessi di Sua Maestà Cattolica. » — Fol. 48. « Risposta al manifesto della Republica di Venetia. » — Fol. 57. « Lettera al Re Cattolico, concernente gli affari di Roma in questi tempi, » écrite par Diego Zuncia, 1637. — Fol. 113. « De gli affari de Palatinato. » — Fol. 142. « Lettera del re di Francia, mandata al Parlamento di Parigi sopra la causa della ritentione de signori Principe di Condé et di conte e duca di Longavilla, » 1650 (copie). — Fol. 164. « Discorso historico e politico sopra la libertà del Prencipe di Monaco, sua genealogia et altre particolarità attenenti alla sua casa » (1641). — xvii° s. (suppl. fr. 4259).

511-514. — Recueil de lettres originales, écrites la plupart en italien, et adressées au cardinal Angelo Maria Querino, bibliothécaire du Vatican. — xviii° s. (suppl. fr. 4360^{1-4}).

La liste des correspondants est en tête de chacun des trois premiers volumes.

519. — Copie de la correspondance d'Henri de Gournay, ambassadeur de France à Constantinople, relative aux intérêts de la chrétienté en Orient (1631-1633). — xviie s. (anc. 8593^b).

520. — Recueils de lettres de félicitation, de condoléance, etc., provenant de nombreux personnages connus, et réunies sans doute par le comte de Cantecroix, auquel elles sont presque toutes adressées depuis le fol. 57. — xviie s. (anc. 8593^c).

526. — Le « Credo de Danti : Io scripsi già d'amor volte rime », suivi des trois pièces suivantes : 1° « Dapoi che stanco de pensiero contemplo » ; 2° « Dolze Iesu Cristo » ; 3° « O patre eterno Deo, tu me creasti ». — xvie s. (suppl. fr. 2860).

569. — Ce volume porte au dos de la reliure ce titre peut-être incomplet, mais certainement fautif : « Opere di R. Mazzanh. » ; il contient : 1° des poésies de circonstance, italiennes et latines ; 2° un discours apologétique des poésies d'Ergasto Paleopolitano (le comte Giuseppe Polidori). — xviiie s. (suppl. fr. 2847).

570. — Poésies de Mario Silverio Piccolomini. — xviiie s. (suppl. fr. 2854).

571. — Poésies inédites de Giuseppe de Poggi-Cecilia, conseiller d'Etat de l'impératrice Marie-Louise. Copie léguée à la Bibliothèque royale (1843). — xixe s. (suppl. fr. 2978).

572. — Ode et sonnets en l'honneur de Louis XIV, par Nicolò Mª Solyma. — xviie s. (suppl. fr. 3593).

573. — « Versi sciolti e rimati di Dorillo Dafnejo », avec des notes. — xviiie s. (suppl. fr. 4202).

Aux armes de la comtesse de Boisgelin.

574. — « L'Adele e Teodoro, ovvero Lettere sull'
educazione, della contessa di Genlis. Tomo primo. —
xviiie s. (suppl. fr. 4204).

584. — « Poesie eroiche e drammatiche con sei discorsi accademici e prose diverse, consacrate a la S. R. M.
Christissima di Luigi XIV,... da Ruggiero Gaetano,
romano ». — xviie s. (anc. 8114[4]).

Portraits gravés de Louis XIV et de l'auteur.

587. — « Discorso dell' Institutione », par Francesco
Piccolomini. — xvie s. (suppl. fr. 2859).

Dédié à Cosme de Médicis. Ce ms. porte l'estampille de la
bibliothèque Colonna de Rome.

603. — « Qui incomença li Fioreti del venerabile
patriarcha santo Francesco, e prima como lui començò.
e poi como luy riduse l'Ordre so in prima frate Bernardo
d'Asixe e ancora frate Silvestro ». — Vélin, lettre ornée.
xive s. (anc. 8099).

On lit sur le feuillet de garde : « Questo libro si è de mi,
BARTOLOMEO GISILARDO ».

604. — « Qui comencia lo prologo de la vita e regola
di fratelli di penitentia ». — Vélin. xive s. (anc. 8100).

605. — « Violetta », œuvre de maistre Christofle de
Paris. — Fol. 29. « Summita » ou « Extractio e summa
majori », par le même. — Fol. 47. « Lucidarium », par
le même, divisé en 3 parties ; la 2e porte le titre de
« Liber arboris phisice » ; avec la 3e commence « el pra-
ticar delle medicine ». — Fol. 115. « Ultimi capitoli
Lucidarii ». — Fol. 118. Supplément au Lucidarium. —
Fol. 122. Recettes diverses. — Fol. 127. « Compendio
trino de Johanne Anglico della experientia della Tri-
nità... » — Fol. 140. « Incipit liber beati Thome de
Aquino : Aristoteles in primo metaphysicis dicit... » —
Fol. 148. Recettes (en latin). — Fol. 150. « Apertorium

Raymundi Lulli de veri lapidis compositione » (en latin).
— Fol. 162. « Incipuint synonima » (en latin). — xvi° s.
(anc. 8106).

Aux armes de Philippe de Béthune.

612. — « Collectanea super Talmut » (italien et
latin). — xvi° s. (suppl. fr. 1424).

614. — « Errori principali intorno alla nuova medi-
tazione, o Contemplazione, o vero Orazione di quiete, con
l'obiezzioni fatte dalla fel. mem. del Sig^r. Cardinal de
Albici, alcuni anni prima morisse ». — Fol. 7 v°. « Sommario del processo del dottor Michele Molinos ». — Fol.
44 v°. « Copia di lettera d'un scolare di teologia scritta
da Monte Filattrano a Roma ad un suo condiscepolo
sopra le materie correnti dell' orazione mistica riformata », signée : « Genoile de Grandis ». — Fol. 63 v°.
« Lettera dall' abate Verneuil ad un suo amico in
Marseglia sopra le dottrine del Maestro della nuova
scuola dell' Orazione di Quiete o di pura fede ». — Fol.
79 v°. « Sommario del processo letto nella chiesa di
Santa Maria sopra Minerva nell' atto dell' abjuratione
publicamente fatta dal dottor Michele Molinos ». —
xviii° s. (suppl. fr. 5568).

615. — « Andamento della mente in Dio », traduction
italienne de l'*Itinerarium mentis* de saint Bonaventure.
— xvii° s. (suppl. fr. 4541).

619. — Le Jugurtha de Salluste, en italien. — xvi° s.
(anc. 8122).

627. — Introduction aux « propheties et predictions »,
recueillies et traduites en italien, par « Picard ». — Fol.
3. « Profectia di sancto Illario… publicata l'anno
1400… » (textes français et italien divisés en 143 tercets). — Fol. 25. « … Profectie ou Prediction de

Madame saincte Brigide de Sueve, » (textes français et italien, divisés en tercets). — Fol. 43 v°. « Sommaire recueil tiré de la predicacion faicte... dans Florence par frere François d'Amiens Pulcian... le 18 novembre 1513... » (en français). — Fol. 46 r°. « Tiré à Ancone contre une muraille... 1590 », (en partie italien et français). — Fol. 46 v°. « Oracle turquesque de grand consideraçion » (en turc, italien et français), suivi de prophéties diverses. — XVIe s. (anc. 8065).

642. — « Capitolar della consegiaria, » de Venise. — Vélin. XVIe s. Expédition du notaire Francesco Torre. (suppl. fr. 2036²²).

« Offert à la bibliothèque du roi par F. Cristal, avocat à la Cour royale de Paris, le 9 août 1833 ».

643. — « Ricordi politici di monsignor Corsini. » — Fol. 69. « Avvertimenti politici di monsignor Corsini. » Fol. 131. « Ricordi politici di monsignor Corsini. » — XVIIe s. (suppl. fr. 2838).

644. — « Papa Urbano VIII dimandò al cavaliere Zambeccari, suo confidentissimo, che si diceva di lui.. » — XVIIe s. (suppl. fr. 2906).

645. — « Istoria particolare delle cose passate tra il sommo Pontefice Paulo V et la Serrenissima Reppublica di Venezia, gl' anni 1605, 1606, 1607, » en 7 livres. — Fol. 210 v°. « Informazione particolare dell' accomodamento. » — XVIIe s. (suppl. fr. 2907).

646. — Recueil de notes sur différents procès (1735-1736). — XVIIIe s. (suppl. fr. 2908).

Le volume est signé : L. D. S.

647. — « Avertimenti segreti della Compagnia di Gesù », en 16 chapitres. — XVIIIe s. (suppl. fr. 2910).

648. — « Cronica di Verona », depuis la fondation de

Rome jusqu'au 20 septembre 1480, suivie de 6 stances sur Rinaldo, qui n'ap, artiennent ni au *Rinaldo*, ni à la *Jérusalem délivrée* du Tasse. — xv⁰ s. (suppl. fr. 2912).

649. — « Breve trattato istorico e geografico. Notizie istoriche delle principali Corti d'Europa », ouvrage, divisé en 3 livres, qui, d'après l'argument de l'auteur, est le complément d'un autre traité. — xvii⁰ s. (suppl. fr. 2913).

Volume provenant de la bibliothèque Colonna de Rome.

650. — « Vita di Sisto V », extrait de l'ouvrage de Greg. Leti. — Pag. 241. Note en latin sur l'histoire de l'empire romain. — Pag. 249. « Lamento d'una fatta monaca per forza », en tercets. — Pag. 254. « Riposta » à la pièce précédente. — xviii⁰ s. (suppl. fr. 2915).

651. — « Esortatione di Mons. della Casa alla Republica di Venetia per confederarsi con la Santità di Paulo 3° e Re Christianissimo contro Carlo V°, imperatore, per la difesa della libertà d'Italia. » — Fol. 26. « Esortatione a Francesco, re di Francia, primo di questo nome, che si levi dall' amicitia et intelligentia che egli ha col Gran Turco. » — Fol. 30. « Escusatione del christianissimo re Francesco, primo di questo nome, fatta da un suo ambasciatore, » [Monsieur de Montluc], « all' illustrisima Signoria di Venetia. » — Fol. 38. « Proposta dell' illustrissimo et reverendissimo » cardinale « di Ferrara, per nome del Re Christianissimo, fatta all' Illustrissima Signoria di Venetia, per conlegarsi insieme contro l'imperatore » Carlo V. — Fol. 48. « Discorso di Mons. Claudio Tolomei a papa Paulo 3° se sia bene che S. Sᵃ si dichiari imperatore o franzese, l'anno 1544. » — Fol. 76. « Discorso per esortare i Venetiani ad adherire a Francia et al Turco » [contro il imperatore Carlo Quinto]. — xvi⁰ s. (suppl. fr. 2918).

652. — « Libro de costumi », recueil de problèmes

d'arithmétique, précédé d'une table de multiplication incomplète et suivi des éléments de la géométrie plane (la fin manque). — Vélin. xvie s. (suppl. fr. 3106²).

653. — « Conclave nel quale nasci pontefice Leone Undecimo, l'anno 1605. » — Fol. 53. « Conclave nel quale fu creato papa Paolo Quinto nell' anno 1605. » — Fol. 64. « Parole dette da Nostro Signor Sisto Quinto in Concistoro sopra la morte dell' Illmo Cardinal di Ghisa ammazzato in Francia d'ordine dell' Re Henrico 3° di Francia. » — Fol. 70. « Lettera dell' Illmo Signor Cardinal di Perona al christianissimo Henrico Quarto, re di Francia et di Navarra, intorno all' accomodamento de signori venetiani con la Santità di Nostro Signor Paolo Quinto, 1607. » — xviie s. (suppl. fr. 3108).

De la bibliothèque de LUIGI FORTUNATO...

654. — « Qui comencia la Regola del nostro padre santo Agustino. » — Vélin, 1532 (suppl. fr. 3112).

Ms. fait pour une communauté d'Augustines.

655. — « Questa predicha fece Frate Ieronimo da Ferara, dell' ordine de predichatori, a dì xvii di genajo MCCCCLXXXXV. » — Fol. 10. « Copia della lettra che Frà Ieronimo da Ferrara mandò alla cristianissima Majestà del Re di Francia, » (17 mai 1495). — xve s. (suppl. fr. 3114).

656. — « Incomença lo libro dicto Quadriga spiri- tuale », suivi de quelques notes latines. — Vélin. xvie s. (suppl. fr. 3119).

On lit sur une des gardes : « ALESANDRO SUTII PERGOLO, a dì 10 di lulio 1656 ».

657. — Recueil de poésies de Hieronimo Frugone, intitulé « Gioje catoliche, » (1er février 1599). — xvie s. (suppl. fr. 3123).

Aux armes de l'archiduc d'Autriche, ALBERT, auquel le volume est dédié.

658. — « Risposta all' Historia della sacra Inquisitione composta già dal Rev. Padre Paolo, servita.... anno 1682. » — xvii° s. (suppl. fr. 3124).

659. — « La compassione impegnata nelle disavventure del conte Sigismondo d'Arco. » — Fol. 25 v°. « Il conte Sigismondo d'Arco al sepolcro dell' imperatrice Claudia Felice, sua padrona... esclama così : Sonetto ». — xvii° s. (suppl. fr. 3146).

660. — « Incomincia una Doctrina a ciascuno peccatore el quale si volesse bene confessare », ouvrage encadré dans un cahier de Questiones de angelis. — Vélin. xv° s. (suppl. fr. 3209).

661. — Aquarelles allégoriques représentant la série des 15 papes compris entre Sixte IV et Grégoire XIII, par l'abbé Bonacchino. — Fol. 17. Nouvelle série d'aquarelles prophétiques s'appliquant à Siste Quint et aux papes inconnus à venir, par l'abbé Anselmo.— Fol. 30 v°. Prophéties attribuées à S. Malachie, archevêque d'Armach, sur les papes, depuis Célestin II (1143). (Cette liste qui s'arrêtait d'après l'écriture du ms. à Siste V (1585) a été continuée postérieurement jusqu'à Innocent XII (1691).— Fol. 33. « Profetia del beato Andrea de Gallerani da Siena. » (12 aquarelles prophétiques et 2 pages de monogrammes). — xvi° s. (suppl. fr. 3278).

Ms. « ad usum Nicolai de Franceschinii, senen... »

662. — Voyages du cardinal Alexandre de Médicis, par Francesco Gregorii d'Ierni, précédés d'une dédicace : Voyage de Rome à Paris en 1596. — Fol. 31. Voyage de Paris à Rouen. — Fol. 46. Voyage de Paris à Saint-Quentin et à Vervins pour les négociations de la paix. (1597). — Fol. 58. Voyage de Paris à Ferrare. — xvi° s. (suppl. fr. 3513).

Timbré aux armes de Visconti, avec une notice préliminaire de P. E. Visconti.

664. — « Relatione fatta a Sua Santità circa quello deve resolvere in queste presenti rivolutioni del regno di Napoli. » — Fol. 5. Lettre de Louis XIV au pape (29 décembre 1647). — xvii° s. (suppl. fr. 3603).

669. — Taxes de la cour de Rome (volume postérieur au sac de Rome du 6 mai 1527). — xvi° s. (anc. 8127⁶).

670-671. — « Stephani infesture, civis romani diaria rerum romanarum suorum temporum, post Curiam romanam ex Galliis ad Urbem reversam usque ad Alexandri pape VI creationem. » La partie latine intitulée « De bello commisso inter Sixtum et Robertum de Arimino ex una, et regem Ferdinandum ducemque Calabriæ ex alia parte, et de morte dicti Roberti, anno mille quattro cento ottantadue », comprend près de la moitié du n° **670** (fol. 119) et le commencement du n° **671**. On lit à la suite dans ce second volume : Fol. 202. « Diario di Lodovico Monaldesch da Orvjeto. — xvi° s. (anc. 10033ᵃˑᵇ).

674.— « Relatione in forma d'historia del negotiato del cardinale Aldobrandino sopra la pace del marchesato di Saluzzo. Parte seconda ». Ce volume fait suite au ms. **673**, que Marsand a catalogué (t. II, p. 180-181) et a cru incomplet. — xvii° s. (anc. 10034⁸).

676. — « Il conclavista di messer Felice Gualtieri del modo che si fa il conclave nell' eligersi il Pontefice. » — Fol. 52. « Avvertimenti per un cardinale papabile da osservarsi nelli conclavi. » — Fol. 74. « Conclave nel quale fu creato papa il cardinale Montalto, detto poi Sisto Quinto... » — Fol. 100. Conclave d'Urbain VII.— Fol. 122. Conclave de Grégoire XIV. — Fol. 214. Conclave d'Innocent IX. — Fol. 228. Conclave de Clément VIII. — Fol. 276. Conclave de Léon XI. — Fol. 330,

Conclave de Paul V. — Fol. 376. Conclave de Grégoire XV. — Fol. 418. Conclave d'Urbain VIII. — Fol. 509. « Ristretto delle attioni de conclavi cavato dall' antecedenti scritture. » — Fol. 521. « Discorso sopra il futuro conclave e di tutti di cardinali papabili, fatto mentre la Santità di Nostro Signore Papa Urbano VIII stava in pericolo della vita durante la guerra tra Sua Santità et i Prencipi collegati, l'anno 1644. » — Fol. 561. « Lettera di ragguaglio delli accidenti occorsi nella malatia e morte di papa Urbano VIII, e delle cose più notabili successe nel corrente conclave sino alla morte del signor cardinal Bentivoglio. » — Fol. 577. « Relatione del seguito tra l'ambasciadore dell' Imperatore, del Re Cattolico e Prencipe Prefetto di Roma, intorno alla precedenza avanti la Santità di N. Signore Innocentio X°, nel giorno della sua creatione di giovedi alli 15 di settembre del 1644. » — Fol. 589. « Discorso circa il riservarsi i cardinali in pettore. » — Fol. 599. « Memorie a V. S. Illma signor cardinal Barberino, legato de latere, a due re, per andare prima in raggione di negotio... » — Fol. 639. « ... Relatione dell' espulsione del presidio spagnuolo da Monaco, fatta dal Sr Prencipe di Monaco Honorato 2°, li 17 novembre 1641. » — Fol. 655. « Raggioni con lequali chiaramente si dà a dividere che la Francia non vuol dare la pace al Christianesimo. » — Fol. 675. « Capitoli della pace tra la Santa Sede apostolica e li Prencipi collegati. » — Fol. 691. Protestatio contra Patrem Mazzarinum ne admitteretur in capitulo generali Patrum Predicatorum, Januæ congregato, » (en latin). — Fol. 699. « Relatione della religione e stato del re d'Etiopia, detto Prete Gianni », [Prêtre Jean] « con un discorso a papa Gregorio XIII, nel quale si propone il modo di fare grande augumento alla religione cattolica per mezo di quel re. » — Fol. 720. « Indice nel quale si contengono discorsi, relationi, raguagli, instruttioni, trattati et altre materie politiche di molta importanza per li maneggi, interressi, pretensioni, dipendenze et disegni de Prencipi. » Cette liste contient 284 indications. — xvii⁰ s. (anc. 10034¹⁰).

683. — « Relatione della corte di Roma, fatta dal conte di Verva. » — Fol. 31. « Avvertimenti... di... Gregorio XV al cardinale Ludovisio, suo nipote..., l'anno 1622. » — Fol. 49. « Ricordi per ministri de Principi che negotiano appresso un altro Principe per loro secretarie e per fare a loro Principi le relationi. » — Fol. 65. « Instruttione a monsignor Sacchetti, vescovo di Gravina, nuntio destinato appresso la Maestà Cattolica. » — Fol. 105. « Instruttione data all' Emin^mo S^r cardinale Ginetti, mandato dalla Sta di Nostro Signore, legato de latere al Congresso di Colonia per trattare la pace generale nel Christianesimo. » — Fol. 258. « Relatione al Re di Spagna, si tutti li trattati seguiti durante l'indispositione di Sua Santità l'anno 1637. » — Fol. 306. « Instruttione a monsig^r Spada, nuntio destinato appresso la Maestà Christianissima. » — xvii⁰ s. (anc. 10050^{d.d.}).

684. — « Descrittione della nascita et vita di Paolo IV Carrafa P. M. ». — Fol. 61. « Prima lega, fatta fra la santa memoria di papa Paolo IV et l'Illmo Sig^r d'Avanzone, ambasciatore del Re Cristianissimo, sotto il dì 13 d'ottobre 1555. Riforma, altra lega fatta, et primieramente riformata tra il medesimo papa Paolo 4° et gli RR. sig^ri cardinali di Tournon et di Lorena, procuratori di detto Re Cristianissimo, sotto il di 15 decembre 1555. » — Fol. 85. Lettere e trattati del Re Cristianissimo col cardinale Carrafa, duca di Ferrara et altri ministri, concernentino la lega delli sopradetti Prencipi con PP. Paolo IV contra Carlo Quinto sopra l'invasione del regno di Napoli. » — Fol. 268. « Registro di lettere scritte dall' eccellentissimo signor duca di Palliano all' Ill^m•

sigr cardinal Caraffa, mentre stette in Francia legato di
Nostro Signore ». — Fol. 283 v°. « Instruttione data a
Ms. Nicolà Dini, secretario del signor Camillo Orsino,
mandato in Francia, alli 25 di luglio 1556. » — Fol. 292
v°. Correspondance diplomatique du cardinal Carrafa. —
XVIe s. (anc. 100593-3·).

711. — « Capitoli dell' Università delli Pizzicajoli
della città di Montalcino », avec approbation, 1585. —
Vélin. XVIe s. (suppl. fr. 3142).

712. — Série de notes relatives à l'histoire de Pérouse,
jusqu'à la fin du XVIe siècle. — Fol. 65 v°. « ... Cose
necessarie alla salute dell' anima. » — Fol. 66 v°. « Versus infrascriptos composuit beatus Gregorius ad honorem sudarii... » (en latin). — Fol. 69 v°. Oraisons
latines. — XVIIIe s. (suppl. fr. 3277).

713. — « Informacione delli feudi imperiali in Italia
con dichiaracione delle case e familie che li possiedono,
oppera racolta da un ocioso per l'intelligenza de curiosi
del seccolo presente et anno 1699, descritta dal comissario D. Sebastiano de Ucedo. » — XVIIIe s. (suppl. fr.
4987).

714. — « Instruttioni agl' ambasciatori di Francia
per servir bene il loro Re nelle Corti austriache. » —
XVIIe s. (suppl. fr. 5599).

724. — « Relatione verdadiera di quanto occore nella
malatia, morte, funerali et sepoltura del Papa ; conclave
et elettione del nuovo Pontefice e tutte le sue fontioni
più singolari. » — Fol. 16. Série de notes sur les cardinaux vivant le 23 mai 1682. — XVIIe s. (anc. 104162).

727. — « Stanze nelle quali si tratta l'origine et i
fatti de i serenissimi principi et duchi di Savoja », par

Andrea Alberti, detto il Pomarancie. — « In Fiorenza, 1585 » (anc. 10428²).

737. — « Nota in memorie antiche, che si ritrovano in diverse chiese di Firenze, della nobilissima famiglia de Cortigiani e consorti. » — 1653 (suppl. fr. 3105).

Camaïeux, lettres dorées et blasons coloriés.

738. — Priorista de Florence, commençant en 1527 et allant jusqu'au commencement du xvii⁰ s. — xvii⁰ s. (suppl. fr. 3113).

Blasons coloriés.

744. — « La congiura di Raffaelo della Torre con le mosse della Savoja contra la Republica di Genova (libri due) descritta da Gio. Paolo Marana. » — xvii⁰ s. (suppl. fr. 5808).

745. — « Annali di Genova... descritti da Filippo Casoni, e riformati da Gio. Benedetto Gritta, nobili genovesi. Tomo secondo ». Ce second volume comprend tout le xvii⁰ siècle. — xviii⁰ s. (suppl. fr. 5809).

746. — « Relazione di Genova, suoi diversi stati, ultime differenze et aggiustamento con la corona di Francia. » — xvii⁰ s. (suppl. fr. 5810).

747. — « Dialogo fra Steffano Giustiniano et Agostino Pinello, sopra la republica di Genova. » — xvi⁰ s. (suppl. fr. 5811).

748. — « Donazione fatta dall' Ufficio di San Giorgio alla Republica » [di Genova] » dell' isola di Corsica, con una raccolta di varii decreti e deliberationi fatte da Serᵐⁱ Collegi et altre cose concernenti aquel regno », 1562. — xvii⁰ s. (suppl. fr. 5812).

756. — « Istoria compendiata della città e regno di

Napoli, di D. Tiberio Caraffa, principe di Chiusano. » —
xvii⁰ s. (suppl. fr. 3222).

De la bibliothèqne de D. Gioanbattista de Mari, prinoipe
d'Acquaviva.

760. — « Narratione di molte cose avvenute nel regno
di Napoli nel governo di don Pietro di Toledo e d'alcune
famiglie nobili del regno, di Francesco Lelio Marchese »,
(en 4 livres). — xvii⁰ s. (anc. 10485¹).

764. — « Relatione dell' ecc^mo sig^r Andrea Boldù,
ritornato dall' ambasciaria ordinaria dal ser^mó sig^r duca
di Savoja » (1559). — Fol. 49. « Relatione dello stato
del Gran Duca di Fiorenza del clariss^mo M. Andrea
Gussoni, ritornato ambasciatore dal duca Francesco »
(1576). — Fol. 85. « Relatione dello stato, forza et
entrate, tesori et interessi del sign^r duca di Ferrara
Alfonso, fatta all' ecc^mo senato da Emilio Manolesso,
dottor e cavaliere, l'anno 1576 ». — Fol. 91. « Relatione
di Mantòva dell' ecc^mo sig^r Fran^co Contariui, ritornato da
staordinaria legatione al duca Vincenzo, riferità in senato
31 ottobre 1588. » — Fol. 105. « Relatione del regno di
Napoli, fatta in senato dall' ecc^mo sig^r Gier^mo Lippoman,
ambasciatore in quel regno appresso il ser^mo D. Giovanni
d'Austria » (1570). — Fol. 137. « Discorso, overo Relatione del stato di Milano » (1536). — Fol. 142. « Discorso
dello stato d'Urbino ». — Fol. 144. « Raccolta di tutte le
donationi, concessioni et investiture fatte del ducato
d'Urbino, incominciando da Pipino, re di Francia, insino
al tempo di Pio IV, con la relatione di detto stato, datta
alla Santità di Nostro Signore papa Urbano VIII. » —
Fol. 155. « Manifesto del Re Christianissimo delle ragioni
c'ha sopra il stato di Milano. » — Fol. 160. « Relatione
dello stato di Milano, del signor cavalier Guerini » (1576).
— Fol. 184. « Origine della Religion di San Giovanni

Gerosolimitano, sive discorso di Malta. » — Fol. 198.
« Relatione dell' isola di Malta, di Gio. Battista Leoni »
(1642). — xviie s. (anc. 10416[7]).

Ce ms. est le tome IVe d'une collection de 4 volumes,
dont le tome Ier, n° **725** du fonds, a été seul catalogué
par Marsand sous le n° 533 de ses notices (t. I, p. 603),
et dont les tomes IIe et IIIe portent les n[os] **893** et
894.

766. — « Discordie civili, rivoluzioni, tradimenti et
altri successi particolari della città di Venezia, dall'
anno 727 fino all' anno 1618. » — xviiie s. (suppl. fr.
2687).

En tête du ms. : « Questo libro è di me ZORZI PIAZZA ».

767. — « Compendio dello squittinio della libertà
veneta, nel quale se adducono le ragioni dell' Imperio
romano sopra la città et signoria di Venetia, opera
d'incerto autore. » — xviiie s. (suppl. fr. 3115).

768. — « Relatione di Savoja del clarissimo signor Gio.
Correro, al tempo del duca Emanuele Filiberto ». — Fol.
87. « Relatione del clarissimo messer Girolamo Lippomano, ambasciatore della ser[ma] Signoria di Vinetia
presso il signor duca di Savoja, l'anno 1573. » — Fol.
55. « Relatione del clar[mo] sig[r] Marin Cavalli, ritornato
ambasciatore dal duca Emanuel Filiberto per la serenissima Republica di Venetia. » — Fol. 147. « Relatione
del clar[mo] sig[r] Francesco Molino, ritornato ambasciatore
da Savoja per la ser[ma] Republica di Venetia, l'anno 1576. »
— xviie s. (suppl. fr. 4965[1]).

Ce ms. (Fontanieu Q 15) appartenait antérieurement à Caumartin.

769. — « Lettera del sig[r] Gabriel Selvago al sig[r]
Camillo Paleotto in Corte della Republica venetiana. »
— Fol. 10. « Copia d'una lettera di Ms. Pantaleone

Guelfacci di città di Castello, in risposta di una scrittali da un suo figlio nello entrar ne i Gesuiti (1580). » — Fol. 14. « Relatione dello stato, costumi, disordini e rimedii di Venetia ». — Fol. 31. « Relatione di Venetia, d'incerto autore (1569). » — Fol. 65. « Relatione del stato, forze et governo della Republica venetiana, fatta al Cattholico Re Filippo. » — Fol. 105. « Relatione della provincia di Dalmatia del clarissimo Ms. Pietro Crezzo. » — Fol. 143. « Discorso politico sopra tutti li principati, potentati e dominii d'Italia. » — Fol. 157. « Discorso sopra la precedenza tra Spagna et Francia. » — Fol. 195. Deux lettres de Charles de Lorraine au pape sur le même sujet (1563). — Fol. 203. « Raisons au pape pour obtenir la dispense de mariage entre Henry de Lorraine et Catherine de France » (en latin). — Fol. 232. « Massime civili del Guicciardini. » — XVIIe s. (suppl. fr. 4965²).

Ce ms. (Fontanieu Q 31) appartenait antérieurement à Caumartin.

770. — « Discorso se il Catholico Re Filippo dove entrare in lega con Venetiani per la guerra contra il Turco... » — Fol. 18. « Trattatione della lega tra Nostro Signore Papa Pio Vto, il Serenissimo Re Catholico et la Serenissima Republica di Venetia, l'anno 1570, descritta dal clariss° Michel Soriano, ambasciatore veneto in Roma appresso Sua Santità. » — Fol. 90. Historique des négociations. — Fol. 136. « Instrumentum fœderis initi de anno 1571 inter S. D. N. Pium papam V, regem Philippum Hispaniarum et Dominos Venetos » (en latin). — Fol. 151 v°. « Sommario delle capitolationi della lega fatta tra Papa Pio Vto, il Re Catholico et la Signoria di Venetia, l'anno 1571. » — Fol. 157. [Due] « mandati del sermo Re Catholico et dell' illmo Duce et senato veneto alli loro agenti et oratori in Roma appresso papa Pio Quinto, l'anno 1570, con le facoltà di poter trattare et concluder la lega contra il Turco et altri infideli. » —

Fol. 166. « Relatione delle cause et principio della guerra mossa dal Turco in Cipro contra Venetiani, et dal trattato et seguito della lega fra il Papa, il Re Catholico et detti Venetiani... » — Fol. 259. « Comparatione di due battaglie navali memorabili, l'una de Romani con Cartaginesi appresso Sicilia ad Ecnomo et l'altra de Christiani con Turchi appresso Lepanto a Curzolari, a 7 d'ottobre 1571. » — XVIIe s. (suppl. fr. 4965[3]).

Ce ms. (Fontanieu Q 32) appartenait antérieurement à Caumartin.

771. — « Discorso mandato al re Filippo sopra l'haver dato Siena al duca di Fiorenza, copiato per Gio. Francesco Scandova, bolognese, il p° di settembre in Roma 1598. » — Fol. 18. « Relatione fatta per Marco Foscari nell' ill[mo] et ecc[mo] Conseglio di Pregadi di Venetia della legatione di Fiorenza. » — Fol. 57. « Relatione del clar[mo] sig[re] Vincenzo Fedele, ritornato ambasciatore da Cosmo de Medici, duca di Fiorenza, per la ser[ma] Republica di Venetia. » — Fol. 155. « Relatione del clarissimo signor Giacomo Soranzo, ritornato ambasciatore dal Ser[mo] Gran Duca di Toscana per la ser[ma] Republica di Venetia, l'anno 1578. » — Fol. 210. « Capitula et investitura Pauli Papæ III cum duce Ferrariæ, 1539 » (en latin). — Fol. 240. « Relatione dell' ecc[mo] Emiliano Manalesso, ritornato ambasciatore da Ferrara, l'anno 1578. » — Fol. 276. « Relatione del duca di Ferrara d'uno ambasciatore venetiano al ser[mo] Duce di Venetia. » — Fol. 306. « Informatione sopra le ragioni della precedenza tra il duca di Fiorenza et il duca di Ferrara. » — Fol. 338. Note latine ayant le même objet. — Fol. 346. « Precedenza tra Ferrara et Firenze. » — Fol. 362. « Lettera dell' imperator Massimiliano, scritta al sacro collegio de Cardinali per la rivocatione de titoli dati da molti Cardinali alli duchi di Ferrara et di Mantova,

1575 » (en latin). — Fol 364 v°. Risposta del « cardinal Morono, decano del sacro collegio... » — Fol. 367. « Consilium in favorem ducis Florentinorum » (en latin). — Fol. 370. « Discorso come meritamente si deve dare al duca di Fiorenza il titolo di Gran Duca. » — Fol. 376. « Sommario delle ragioni di precedenza del duca di Ferrara al duca di Fiorenza. » — XVII° s. suppl. fr. 4965⁴).

Ce ms. (Fontanieu Q 33) appartenait antérieurement à Caumartin.

772. — « Relatione del clarissimo sig[r] Girolamo Lippomani, ritornato da Napoli ambasciadore dal ser[mo] sig[r] don Giovanni d'Austria, l'anno 1576. » — Fol. 78. « Relatione di Napoli, et suoi regni, del sig[r] Francesco Gentile, fatta l'anno 1578. » — Fol. 124. « Discorso delle cose del regno di Napoli. » — Fol. 163. « Relatione di Sicilia, del s[r] Ferrante Gonzaga, refferita dal sig[r] don Pietro di Agostini a sua Cesarea Maestà. » — Fol. 184. « Della monarchia di Sicilia et giurisditione ecclesiastica del regno di Napoli » (en latin et italien). — Fol. 204. Avvertimento per il governo di Sicilia di don Scipione di Castro al sig[r] Marcantonio Colonna. » — Fol. 260. « All' ill[mo].... duca di Terranova, governatore dello stato di Milano et capitano generale per S. M[tà] Cattolica in Italia. » — Fol. 280. « Relatione di Milano et suo stato, » par don Scipione di Castro. — XVII° s. (suppl. fr. 4965⁵).

Ce ms. (Fontanieu Q 34) appartenait antérieurement à Caumartin.

773. — « Relatione di M. Antonio Soriano... oratore a Roma appresso Paulo 3°... per l'ill[ma] signoria di Venetia... 1535. » — Fol. 38. « Relatione di Roma, referita in senato veneto dal Bernardo Navagiero... 1559. » — Fol. 96. « Entrate della sede apostolica sotto il pontificato di... Gregorio XIII°. » — Fol. 133. « Notitia delli feudi che riconoscono la sede apostolica nello stato della Romagna, Lombardia et d'altre parti, data alla Santità di N. S. papa Urbano 8°. » — Fol. 139. « Raccolta di tutte le donationi... fatte del ducato di Urbino, incominciando da Pipino, re di Francia, a insino ai tempi di Pio 4°, data alla Santità di N. S. papa Urbano 8°. » — Fol. 151. « Explicatio quomodo Imperium dependeat a sede apostolica » (en latin). — Fol. 175 v°. « Patrimonia sancti Petri... » (en latin). — Fol. 231. « Ristretto delle colpe dell' ill^mo sig^re cardinale Clessellio, che hanno dato all' Imperatore il re Ferdinando et Massimiliano. » — Fol. 239. « Oratione fatta nel senato romano sopra la lettera che Carlo V imperatore scrisse dopo il sacco di Roma ad esso senato... » (en latin. La lettre de Charles-Quint est en tête). — xviie s. (suppl. fr. 4965^6).

Ce ms. (Fontanieu Q 50) appartenait antérieurement à Caumartin.

774. — « Relatione del clarissimo Gio. Michele, tornato ambasciatore dalla serenis^ma regina Maria d'Inghilterra e dal Cattolico Filippo, Re di Spagna, l'anno 1557. » — Fol. 153. « Relatione del clarissimo M. Nicolò Thiepolo, ritornato ambasciatore dal convento di Nizza... » — Fol. 212. « Parere sopra l'essame delle preeminenze reali della republica di Genova, nella corte di Roma. » — Fol. 260. « Essame delle preeminenze... » — Fol. 298. « Raggioni per le quali fu mosso il ser^mo Principe cardinal Rinaldo d'Este ad intervenire al Concistoro nel quale si proposero le chiese del regno di Portogallo. » — Fol. 314. « Relatione di Misser Antonio Soriano... oratore a Roma... 1535. » — xvii^e s. (anc. 10064^3).

775. — « Relatione del clarissimo M. Bernardo Navagero, ambasciatore... di Venetia a Carlo V... 1546. »

— Fol. 135. « Relatione del clarissimo M. Bernardo Navagero, ritornato ambasciatore da Solimano, ottomano imperatore de Turchi nell' anno 1552 ». — Fol. 263. « Relatione del clarissimo M. Marco Foscari, ritornato ambasciatore dalla Republica di Fiorenza ». — xviie s. (anc. 10067[5-5]).

778. — « Relatione del governo politico della Seren^{ma} Republica di Venetia, fatta da D. Alfonso della Queva, marchese di Bedmar, stato ivi ambasciadore per la Maestà di Filippo 3°, re di Spagna ». — Fol. 153. « Relatione di Venetia, fatta da D. Alfonzo de la Queva, conte di Bedmar, già ambasciadore della Maestà Cattolica appresso della Republica, hoggi cardinale di Santa Chiesa ». — xviie s. (anc. 10079[3-3]).

781. — « Relatione di Venetia e tutti li suoi stati ». — Fol. 34. « Relatione del re di Persia, detto il signor Soffi... si racconta anco la guerra ch' egli hebbe col Turco l'anno 1553... » — Fol. 138. « Relatione del clar^{mo} Ms. Marino Cavalli, ritornato ambasciatore dal Gran Turco ». — Fol. 175. « Relatione di Roma dell' ambasciatore Navagerio a Paolo 4° ». — Fol. 229. « Comentarii del regno di Francia del clar^{mo} Micheli Soriano, ambasciatore veneto a quella corte, l'anno 1561 ». — Fol. 296. « Relatione del clar^{mo} Ms. Michiel Suriano... 1568 ». — Fol. 348. « Negociato di lega et pace tra lo imperatore Carlo Quinto et Francesco, re di Francia... » — Fol. 404. « Discorso di misser Claudio Tolomei, utrum che Pauolo Terzo s'havesse da dechiarare francese o imperiale ». — Fol. 492. « Discorso di precedenza tra Spagna e Francia, di Ms. Jacobo Loisio ». — Fol. 527. « Capitoli dell' amicitia... tra... Carlo Quinto et... don Ferrante Gonzaga per lo stato di Milano et li signori Suizzeri per loro... » — Fol. 541. « Provisioni per la guerra che dissegnò papa Clemente VII contro l'imperatore Carlo V°. » — Fol. 548. « Essortationi di Ms. Bartolomeo Cavalcante alla signoria di Venetia per nome del re di Francia et per la confederatione contra l'Imperatore ». — Fol. 568. « Oratione di Ebraïn Strocchio, ambasciatore di Solimano... nella Dieta di Francfordia... 1562..., tradotta dalla lingua illirica.... » — Fol. 573. « Explicatio quomodo Imperium dependeat a sede apostolica » (en latin). — Fol. 599. « Investitura regni Napolitani » (en latin). — Fol. 506. « Instructio data domino Thomæ, episcopo Feltrensi nostro nomine, in Germaniam ituro » par Paul III. — xviiᵉ s. (anc. 10125²).

782. — « La Zuchetta, ove si contengono tutti li magistratti di Venetia, retorie terestri e maritime del serᵐᵒ dominio Venetto, 1655. » — Le reste du ms. est en français : Fol. 18. « Registre de principaux pointz de ceremonie arrivez dans l'ambassade de monseigneur le comte d'Argenson, par son secretaire. » — Fol. 48. « Première harangue faicte au Collège » le 13 décembre 1651, par le comte d'Argenson, ambassadeur à Venise. — Fol. 50 v°. « Dernier discours... » 18 novembre 1655. — Fol. 58. « De la République de Venise. » — Fol. 62. « Relation de ce qui se passe à la mort, à l'élection te au couronnement du Doge de Venise. » — xviiiᵉ s. (anc. 10128³).

Aux armes de Loménie de Brienne.

786. — « Cronica delle famiglie de nobili de Venetia » (avec blasons coloriés). — xviiᵉ s. (anc. 10444³·³).

793. — « Opinione del padre Frà Paolo, servita, consultor di Stato, in qual modo debba governarsi la Republica venetiana... », suivi de « statuti, leggi e ordini delli signori Inquisitori di stato... », en 103 chapitres. — xviiiᵉ s. (anc. 10462³·³).

Aux armes de Le Tellier, archevêque de Reims.

804. — « Alcune notilie dell' antica e nobile famiglia de Castelli da Bologna » (avec blasons coloriés et arbre généalogique). — xviie s. (suppl. fr. 3153).

805. — « Libro de nobili veneti..., 1650 », suivi de « La Zucheta, ove si contengono tutti tribunali di Venetia e registri del ser^{mo} dominio, che vengono dati alla nobiltà veneta. » — xviie s. (suppl. fr. 4690).

810. — « Libretto dove si contiène li nomi, cognomi, anni matrimoni, e figliolanze di tutte le case della nobiltà venitiana l'anno 1656 », par ordre alphabétique. — xviie s. (anc. 10467^a).

818. — Aventures de Bianca Capello. — xviie s. (suppl. fr. 3279).

819. — « Historia d'Antonio Castaldo, napolitano, principale notaro del regno, delle cose occorse in Napoli dal tempo che vi fu vicere D. Pietro di Toleda, marchese di Villafranca, fin alla ribellione di Ferrante Sanseverino, principe di Salerno, et altre occorenze seguite. » — xvii^e s. (suppl. fr. 4966).
Ms. Fontanieu Q 60.

822. — « La vita dell' egregio cittadino e patritio fiorentino Antonio Giacomini Tebalducci, composta per Jacopo Nardi. » — xvie s. (anc. 10441²).

827. — « Bulla aurea Caroli Quarti imperatoris, ejusque explicatio ac forma eligendi imperatorem » (en latin). — Fol. 57. « Relàtione dell' origine della Casa d'Austria e dell' acquisti fatti da essa, e le cause dove sono nate le presenti revolutioni di Germania. » — Fol. 83. « Relatione della congiura contro Pier Luigi Farnese, duca di Parma e Piacenza. » — Fol. 151. « Ragionamento di Carlo V imperatore al re Filippo II, suo figliuolo, nella consegnatione del governo de suoi stati e regni. » — Fol. 249. « Ragionamento del re don

Filippo II negl' ultimi giorni di sua vita al Prencipe, suo figliuolo. » — XVIIe s. (suppl. fr. 1766).

831. — « Descrittione delle cose di Cipro... », par Ascanio Savorgnano, noble vénitien, ambassadeur à Chypre. — 1573. (suppl. fr. 3117).

832-833. — « Historia overo Commentarii de Cipro, di Florio Bustron. » — Vélin. (anc. 10493 et suppl. fr. 5231).

Le tome I de cet exemplaire complet en deux volumes est du XVIe siècle ; le tome II est la copie faite en 1857 d'un ms. de Londres.

En tête du 1er volume se trouve une carte de l'île de Chypre.

834. — « Informatione dell' isola di Cypro, da Florio Bustron. » — 1857. Copie d'un ms. de Londres. (suppl. fr. 5233).

835. — Copie complète de l'ouvrage inventorié sous le n° **836.** — 1857. (suppl. fr. 5232).

836. — « Parere di Gaspero Gianotti sopra un ristretto delle revolutioni del reame di Cipri e delle ragioni che v' ha la ser[ma] Casa di Savoja.... » — XVIIe s. (anc. 10102[3]).

Copie d'un ms. de Turin, provenant de Guichenon.

857. — « Istoria della Corsica, » jusqu'en 1666. — XVII[e] s. (suppl. fr. 2917).

858. — « Disinganno intorno alla guerra di Corsica. [con Genova] scoperto da Curzio Tulliano, corso... » (impr, 1736), suivi de « Disingamo intorno le capitolazioni di composizione del giorno tre agosto 1744, dall'aristocrazia genovese inviati alla democrazia corsa » et de « capitolazioni a questa necessarie contro di quella », ces deux ouvrages dus à Attilio Curziano. — XVIIIe s. (suppl. fr. 3125).

865. — « Advis donnez a Sa Majesté par l'abbé Laudati Carrafa, napolitain, touchant les affaires des royaumes de Naples et de Sicile, depuis les mouvemens de Messine arrivez en 1674... » (italien et français). — xviii⁰ s. (anc. 10359⁵).

Aux armes de France.

866. — « Registro di lettere della nuntiatura di Francia di monsignor Ubaldini, » (février 1613-octobre 1616). — xvii⁰ s. (anc. 10416³).

867-868. — « Le più nobili azioni della vita e regno di Luiggi il Grande, dopo la sua minorità, contenute in molte lettere... » par Gio. Paolo Marana. — xvii⁰ s. (anc. 10416⁴⁻⁵).

Aux armes de France.

872. — « La monarchia di Spagna. » — xvii⁰ s. (suppl. fr. 3116).

873. — « Riflessioni sopra il dubbio c'hoggi si propone se la Spagna habbia da romper apertamente la guerra, o starsene fra i termini d'una guerra aussiliare. » — xviii⁰ s. (suppl. fr. 4180).

886. — « Relazione del successo in Malta contro li Giesuiti cacciati a furia di popolo, nel 1639. » — Page 18. « Discorso sopra il duello seguito tra D. Gregorio Caetano e D. Carlo Colonna, in Roma nel ponteficato d'Urbano Ottavo. » — Page 44. « Charissimo in Christo filio nostro, Philippo Hispaniarum regi catholico, Clemens papa XVI » (Bref en latin). — Page 50. Réponse de Philippe. — Page 77. « Caso occorso all'ambasciator di Spagna, conte d'Olivarès, nel ponteficato di Sisto V°, per la restituzione delle scritture del feudo di Napoli. » — Page 85. « Ralazione del contagio seguito in Roma nel ponteficato di papa Alessandro VII. » — Page 208. « Principio dell'ingresso in Italia de i Francesi, seguito nell'entrare dell' anno 1801. » — Page 226. « Lettera del March. di Torsi... a mon. di Lucene, inviato alla republica di Genova... 1703. » — Page 234 « Raguaglio... di quello che segui sotto Turino... 1706. » — Page 240. « Lettera di Mon. di Sciamillars... al duca di Beruich... » — Page 246. « Memoriale del conte di Melgara a papa Clemente XI... » — Page 248. » Preditione fatta del... padre Martino Stridonio... » — Page 249. « Discorso di Mon. Lucene, inviato straordinario del re di Francia alla republica di Genova. » — Page 250. « Risposta della republica di Genova. » — Page 251. « Espositione fatta del sig. conte di Berka, ambas. cesareo, alla Ser' Republica di Venetia. » — Page 252. « Risposta... » — Page 252. — « Indulgenze e Privileggi concesse a tutti quelli che sono divoti delle Monache. » — Page 254. Instruzzione lasciata da monsignore Galeazzo Marescotti, inquisitore di Malta a monsignore Ranuzzi, suo successore. » — Page 374. « Orazione del duca di Lerma nel conseglio di Spagna, tradotta di Spagnuolo in Italiano. » — Page 387. — « Memoriale de Genovesi sopra la vana pretenzione della precedenza dello stendardo loro a quello di Malta, e sua risposta. » — Page 428. « Relazione del governo di Venezia, fatta dall' ecc^{mo} sig^{re} conte della Tore, ambasciatore dell' Imperatore alla ser^{ma} Republica di Venetia, 1712. » — Page 530. « Prosperità infelici et Francesco Canonici, detto Mascanbruno, sotto datario et auditore di Innocenzo X°. » — Page 574. « Relazione de gl' amori del conte Sigismondo d'Arco con la principessa Claudia d'Inspruch. » — Page 589. « Relatione del duello fra Lepido Inurea e il s^r Gio. Giacomo Lomellino. » — Page 601. « Giojello o Instruzzione politica per il buon governo et esaltazione del regno di Francia, e come debba trattare con li principi forastieri Luigi XIV, re di Francia e di Navarra, dell' e^{mo} cardinale Giulio Mazzarini, ritrovata nel suo studiolo l'anno 1661. » — Page 654. « Lettera di ragguaglio d'un amico del conte Filippo Ercolani sopra le differenze insorte tra detto conte e il principe Francesco Pio di Savoja, per causa di Francesca Rota, » et autres correspondances y relatives. — Page 674. « Intimatione presentata dall' abbate de Dominicii come agente di S. M. C..., 9 luglio 1698. » — Page 675. « Lettera di aggiustamento progettato dall' ambasciatore ces° conte di Martiniz... » avec réponse. — Page 677. « Memoriale presentato alla corte di Francia dal sig^re Erizzo, ambasciatore di Venezia, nel 1698. » — Page 697. « Relazione della famiglia Chigi e descendenza di papa Alessandro VII. » — Page 710. « Relazione della città e corte di Vienna dell' ambasciatore veneto Luigi da Molino, appresso Leopoldo Primo imperatore. » — Page 730. « Lettera venuta da Genova sopra gl' avvenimenti del P. Frà Tomaso Granelli, ministro provinciale de' Minori osservanti di S. Francesco » (impr. 1713). — xviiie s. (suppl. fr. 4271).

Ce volume est le tome XII d'une collection qui est peut-être celle de Henri Beyle (n^os **169-179**).

889. — « Relatione d l clar^mo Ms. Federico Baduero, tornato ambasciatore dell' imperator Carlo Quinto et » [Filippo, re di Spagna]. — Fol. 180. « Relatione del Mag° Ms. Gio. Michele, tornato ambasciatore d'Inghilterra, de l'anno 1557 » (en 3 parties). — Fol. 281. « Relatione del clariss^mo Nicolò Thiepolo, ritornato ambasciatore del convento di Nizza... » — xviie s. (anc. 10083^b).

893-894 — Recueil de relations d'ambassadeurs vénitiens et d'autres documents relatifs à Venise :
Ier vol. — « Pariggi, di Battista Nani, 1660. » — Fol. 45. « Pariggi, di Gio. Morosini, 1670. » — Fol. 75. « Madrid, di Piero Basadonna, 1652. » — Fol. 111. « Madrid, di Gieronimo Zen, 1675. » — Fol 143. « Londra, di Gio. Sagredo

1660. » — Fol. 168. « Londra, di Piero Mocenigo, 1671. » — Fol. 200. « Varsavia, di Giorgio Lipoman, 1574. » — Fol. 258. Varsavia, di Zorzi Zen, 1638. » — Fol. 284. « Motivi della guerra mossa dal re di Suetia alla Polonia, 1655. » — Fol. 292. « Ispahen, di Vincenzo de Alessandri, 1570. »

IIe vol. — Fol. 12. « Relatione di tutto lo stato della republica di Venetia..., da domino Alfonso della Queva... 1625. » — Fol. 59. [Altra] relatione di Venetia. — Fol. 131. « Compendio del libro del signor Amelot de la Houssayi del governo della serenissima republica di Venetia, 1675. » — Fol. 171. « Distentioni segrete tra la Nobiltà » [di Veneti], 1684. — Fol. « Relatione d'Olanda, di Tomaso Contarini... 1610. » — Fol. 215. « Discorso di Genova. » — Fol. 228. « Relatione... di Genova, fatta da Monsieur di Sent Olon... 1684. » — xviie s. (anc. 10416⁸⁻⁸).

Ces deux volumes sont les tomes IIe et IIIe d'une collection ; voy. plus haut le n° **764**.

898. — Lettre de Bajazet au grand maître de Rhodes, 1484 (en latin). — Fol. 3. « Guillielmi Caoursini, Rhodionum vire concellarii, Rhodiæ obsidionis descriptio » (en latin). — Fol. 13. « Relatione dell' isola di Malta... » (1565-1568). — Fol. 32. « Relatione dell' isola di Malta... da Giovanibatista Leoni, del 1582. » — Fol. 47. « Modo della elettione del Gra Maestro della Religione Hierosolimitana ». — xviie s. (suppl. fr. 3120).

901. — « Relatione di quanto successe per il sacco dato dalli Imperiali alla città di Roma. » — Fol. 113. « Lettera di Carlo Quinto... al cardinal Cybo, scritta, l'anno 1527, per il sacco successo... di Roma. » — Fol. 119. « Relatione del viaggio di Levante, fatto dalle sei galere di Malta.... dal cav^{re} Gio. Battista d'Aste. » — Fol. 147. « Relatione del seguito tra l'ambasciatori dell'

Imperatore, del Re Cattolico e Prencipe prefetto di Roma intorno alla precedenza avanti la Santità di pappa Innocentio X°... », suivi d'une lettre au pape. — Fol. 165. « Ragioni del prefetto di Roma per la precedenza sopra gli ambasciatori, 1644. » — Fol. 181. « Relatione della venuta a Roma del Gran Duca di Toscana col Prencipe Gio. Carlo, suo fratello... 1628. » — Fol. 207. « Ragioni persuasive a gli Ill^mi Signori de gli Stati generali d'Olanda concernenti i loro interessi nella tregua col re di Spagna. » — Fol. 237. « Risposta in nome degli Olandesi. » — XVII° s. (anc. 10087⁵).

903. — Traité d'hygiène usuelle et alimentaire. — XVI° s. (suppl. fr. 2909).

905. — Notes politiques sur Venise, Gênes, Lucques, les États de l'Eglise, le grand duché de Toscane, le royaume de Naples, le duché de Modène, le Milanais, Parme, la Savoie, Mantoue, etc. — XVII° s. (carton 106).

911. — « Qui comincia uno libro di tutti i costumi, cambi, monete, pesi, misure et usançe di lettere di cambi et termini di dette lettere, che ne paesi si costuma et in diverse terre, » par Chiarini. — XV° s. (suppl. fr. 3106¹).

919. — « Tractato justissimo, fabricato per me An. C., de la vera e de la falsa alchimia, » suivi d'une pièce de vers latins: « Oraculum delphicum... » — Vélin. XVI° s. (anc. 8106²).

922. — « Epithoma del principio et fundamento della scientia cyromantica. » — XVII° s. (anc. 8159⁴).

927. — Traduction en vers du poème de la *Nature des choses* de Lucrèce (six livres), par Alessandro Marchetti. — 1669 (suppl. fr. 3109).

931. — « Lettera di M. Alberto Lollio, nella quale egli celebra la villa et lauda molto l'agricoltura, nuovamente dalui medesimo ricorreta, » adressée à la duchesse de Ferrare. — xvie s. (suppl. fr. 5221).

934. — « Cerogia de maystro Guielmo de Saliceto da Piasenza, la qual luy compose in la città de Bologna ad utilità d'alchuno so amigo, e fo del anno 1448. » — xve s. (suppl. fr. 2919).

935. — « Della metoposcopia, overo arte del predire mediante le linee della fronte, che è la secreta e più nobil parte della fisionomia naturale, libri tre. » — xviie s. (suppl. fr. 3121).

Figures gravées rapportées.

936. — « Arte veterale o meneschalcaria... » (en 386 chapitres). — Fol. 101. « Li nomi delle herbe et altre cose necessarie per medicare cavalli... » — Fol. 106. « Trattato sopra l'imbrigliare e di conoscere ogni qualità di bocca di cavalli. » — Fol. 117. « Trattato secondo sopra il medicare cavalli et altri secreti bellissimi... » — Fol. 123. « Avertimento intorno ai polledri. » — Fol. 138 v°. « Della impennatura del cavallo. » — Fol. 171. « Briglie.... » — Fol. 189. Diverses recettes pour maladies de chevaux. — xviie s. (suppl. fr. 4001).

De la bibliothèque de don THÉVENOT.

939. — « Delle medicine de falconi et de remedii de cavalli. » — xve s. (anc. 8102).

Aux armes de Naples-Aragon ; reliure aux armes de Henri II.

944. — « ... Tractato della maniscalcheria, composto per maestro Laurentio, dicto Ruzio... » — xve s. (anc. 8118³).

947. — « Tractato d'abacho, fatto da Benedetto... » — xve s. (anc. 8109).

948. — « Ordini di giuochi degli scacchi... di Giulio Cesare Polerio, alias l'apruzzese. » — 1594 (anc. 1809[5]).

952. — « Trattato sopra la nobiltà del gioco di scacchi, dove in esso contiene un vero ritratto di guerra e governo di stato...., composto per Gioacchino, greco-italiano-calavrese. » — xviie s. (anc. 8290[3]).

955. — « Modo di giocare a scacchi... di Giulio Cesare » Polerio, l'apruzzese. » — xviie s. (suppl. fr. 2669).

957. — « Hornament de l'arte militare, » par Aloisio Soranzo, veneto. Avec portrait de l'auteur. — 1560 (suppl fr. 4588).

De la bibliothèque de Huet, évêque d'Avranches.

971. — « Regole pel canto fermo, di I. Galgano Venturi di Chiusdino, » suivi de « Alcune notitie del contrapunto. » — 1749 (suppl. fr. 2905).

973. — Traité de la danse de Guiglielmo, hebreo, de Pesaro, contenant : 1°. des généralités ; 2° (fol. 22) « le basse danze e li balli di messer Domenico et di Guiglielmo... » ; 3° (fol. 46) neuf « balli notati. » — Vélin. 1463 (anc. 7747[3]).

Lettres ornées, et jolie miniature représentant trois personnages qui dansent au son d'une harpe. — De la bibliothèque de Cangé.

974. — Notes informes : lettres commencées, proverbes, glossaire français-italien, etc. — xviie s. (suppl. fr. 664).

On lit en tête : « Messer Francesco Capello », et plus bas : « A Monsr le premier secretaire de M[r] l'ambassadeur a Venize. »

976. — « Quisto sie uno tractato che se chiama El Monte de la oratione... » — xviie s. (suppl. fr. 3122).

977. — Catalogue de livres italiens. — xviii[e] s. (suppl. fr. 5055).

981. — « La vita di Numa Pompilio, composta per Ugolino Martelli, nobil fiorentino. » — Fol. 32. « Oratione di Ugolino Martelli, fatta nella prima entrata del consolato suo nella Accademia fiorentina. » — Fol. 41. « Non qual si voglia moto più ne riscalda che la quiete, a Filippo del migliore Ugolino Martelli. » — Fol. 52. « Oratione fatta alla illma Sria vinitiana perlo ambasciadore del christianissimo re di Francia, l'anno MDXLIII. » — Fol. 84. (pagination fautive, passant de 61 à 84). « Sposizione di Benedetto Varchi supra » un « sonetto del Petrarca... letta... nella Accademia fiorentina... MDXLIII. » — Fol. 119. « Letione di Giovanbatista Gelli, letta... nella Accademia fiorentina... MDXLIII. » — Fol. 131. « Dichiarazione di Benedecto Varchi sopra il venti cinquesimo canto del Purgatorio di Dante, letto.... MDXLIII. » — XVIe s. (anc. 8123).

982. — « Della nobiltà delle lettere e delle arme, ragionamento di M. Lorenzo Tebalducci Giacomini, diviso in tre lezzioni, lette nell' Accademia fiorentina, l'anno MDLXXVI. » — XVIe s. (anc. 8115³).

983. — Lettre de Cicéron à son frère Quintus, traduite et annotée en italien, suivie d'une lettre de « M. Francesco Petrarcha a M. Niccolà Acciajoli, gran siniscalcho di Napoli, nella coronatione del re Luigi. »

De la bibliothèque des BIGOT.

997. — « Proverbi di M. Antonio Cornazano in facetie, ristampati di nuovo, con tre altri proverbi aggiunti e dui dialoghi nuovi in disputa, cose sententiose e di gran piacere. » (Copie d'imprimé). — XVIIIe (suppl. fr. 2036⁴⁵).

998. — « Zibaldone di conti et di cose scritte alla carlono.... » (lettres, mémoires, voyages, etc.), par Rustichi. — XVIe s. (anc. 8132).

1015. — Commentaire sur la *Divine Comédie* de Dante. — xviᵉ s. (anc. 8138).

1017. — Les triomphes de Pétrarque : « Triumphus amoris ; — triumphus pudicitie ; — triumphus mortis ; — triumphus fame ; — triumphus temporis ; — triumphus divinitatis » ; suivis de l'épitaphe de Pétrarque. — Vélin. xvⁱⁱᵉ s. (suppl. fr. 3104).

Lettres d'or et encadrement en couleur.

1018. — Les triomphes de Pétrarque : « Triumphus amoris ; — triumphus mortis ; — triumphus fame ; — triumphus pudicitie » ; suivis de 29 sonnets. — Vélin. xviᵉ s. (suppl. fr. 2903).

Lettres d'or et encadrement en couleur (feuillets mal assemblés.)

1021. — Même exemplaire sur papier (incomplet à la fin) que le n° **1017**, sauf l'ornementation ; les titres manquent. — xvⁱⁱᵉ s. (suppl. fr. 3556).

1028. — « Lezzione sopra'l sonnetto di Torquato Tasso : *Chi chiuder brama a pensier vili'l core*, fatta nèll' Academia de' Filomati in Siena, el di 25 di giugno 1582 », par Jacomo Giudini. — xviᵉ s. (anc. 8142³).

1030. — Poésies du chanoine Helicona, dédiées à Marie de Médicis, reine de France. — 1606 (anc. 7786⁷).

Aux armes de MARIE DE MÉDICIS.

1032. — « Stanze amorose » ; recueil de chansons vénitiennes, précédées d'une table alphabétique. — Vélin. xviᵉ s. (anc. 8134³).

Ce ms. a appartenu successivement à GUILLAUME ERETHTONNE (1522), à GUILLAUME QUOQUEBORNE, à NICOLAS CANIVET (1529).

1049. — « A lo illᵐᵒ et exᵐᵒ principe Alphonso, Estensi duca di Ferrara,... sermone di Antonio |Valtellino », suivi de poésies du même auteur. — xviᵉ s. (anc. 8157³).

1051. — « Per l'esaltazione al pontificato di N. S. papa Innocenzio Undecimo, poesia di Pier Francesco Minacci, fiorentino... » — XVIIe s. (suppl. fr. 833).

1057. — Poème moral composé par Antonio del Monte, aretino, en 1512. — Fol. 130. « Capitoli del Monte » di Pietà, dont Antonio del Monte fut official. — Cop. XVIe s. (suppl. fr. 2036[78]).
Dessins au lavis.

1061. — « Le guerre di Siena, fatte dal ser^{mo} Cosimo Medici pr°, contro la città e stato di Siena, li 27 gen. 1553 », poème en octaves. — XVIe s. (suppl. fr. 2911).

1062 — « Corbona convertita », poème satirique en 5 chants, de l'abbé Giovanni Battista Giacomo Antonio Carlesi, grossetano. — Fol. 57. « Sonetti dell' illustrissimo sig^{re} Dottore Francesco Bracciolini... in lode della Lena Fornaja di Pistoja, nel 1712 ». — Fol. 93. Sonnets, madrigaux, pièces de vers et autres, la plupart satiriques. — XVIIIe s. (suppl. fr. 2914).

1063. — Sonnets académiques « degli Rozzi. » — Fol. 38 v°. « Stantie del otio di Strafalcione. » — XVIIe s. (suppl. fr. 2916).

1064. — « *Contro Amore non val la forza*, dramma per musica per l'ecc^{ma} sig^{ra} duchessa di Zagarolo, poesia di Crateo, pastore arcade, dedicato a Sua Eccell^{za} », avec un dessin au lavis. — XVIIIe s. (suppl. fr. 3099).
Aux armes de la duchesse de ZAGAROLO.

1065. — « A... Napoleone Primo..., canto eroico », par Benedetto Joselli. — XIXe s. (suppl. fr. 3956).

1066. — Traduction d'un certain nombre d'odes d'Horace. — XIXe s. (suppl. fr. 4289).

1067. — « Poesie del cavaliere Dotti, » (sonnets et satires), avec une table alphabétique. — XVIIe s. (suppl. fr. 4361).

1068. — L'Oraison funèbre d'Anne-Henriette de France, fille de Louis XV, faite par Matthias Poncet de la Rivière, évêque de Troyes, traduite par l'abbé Giovan Francesco Nenci et dédiée à Madame la Dauphine Marie-Josephe de Pologne. — XVIII° s. (suppl. fr. 4387).

1069. — Recueil de poésies lyriques, épiques et religieuses. — Fol. 67. « Qua comenza la istoria de sancto Justo e ancore la fortuna del qual in Franza se canta », en octaves. — Fol. 100. « Di santo Giorgio, martire e cavaliere. » — Fol. 112. Chanson d'amour. — Fol. 113. « Istoria de Fiorio e Bianza Fiorre ». — Fol. 136 v°. Balade d'amour. — Fol. 143. « Qua comenza la istoria deli doi amatori e de la lor nome : uno foe Piramo e l'altra Tisbe », avec une enluminure du XVI° s. — Fol. 151 v°. Chanson. — XVI° s. (suppl. fr. 5600).

1083. — « *La tirannide d'Asamone nelli avvertimenti d'Oritia*, dramma per musica », par Giacinto Casale. — XVIII° s. (suppl. fr. 3100).

Dessin à la plume. — L'ouvrage est dédié au connétable Colonna aux armes duquel le volume est frappé.

1084. — Recueil de poésies. On lit à la fin du volume : Finis. Colantonius. » Suit une pièce latine : « Ad Johannem Canthelmum Colantonius. » — XVI° s. (anc. 8134[3.3]).

1089. — « Favola bosscareccia musicale, di Gio. Francesco Savaro..., archidiacono di Mileto... » — XVIII° s. (suppl. fr. 3102).

1090. — « *Il Conclave*, dramma per musica da recitarsi nel Teatro delle Dame, nel Carnevale 1775..., » paroles de Pietro Metastasio, musique de Niccolò Piccini. — Cop. d'impr. Rome. 1775 (suppl. fr. 3103).

1093. — « De gli ragionamenti del dottore et cavaliere M. Giovan Maria Memo giornata prima. » — XVI° s. (anc. 8127[5]).

Dédié « all' altissimo et potentissimo principe di Spagna, Philippo di Austria. »

1098. — « Ragionamento di Cammillo e Valerio. » — XVII⁰ s. (anc. 8159²).

1099. — Primo tractato : « In questo librociolo se conteneno alcune delicature et experientie approbatissime circa l'ornamento del corpo humano... cum alcune exquisite cose e remedii medicinali... » — Fol. 86. « ... Secondo tractato... de polvere odorifere, de aque redolente... » et autres recettes de parfumerie. — XVIᵉ s. (anc. 8159³).

1103. — « Institutione d'una case da signore », manuel d'un maître de maison. — XVIIᵉ s. (suppl. fr. 3606).

1106. — « Commedia delle *Nymphe Fiorentine* compilata da messere Giovanni Boccaci da Ciertaldo, ciptadino di Firençe, 1431. » — Vélin. XVᵉ s. (suppl. fr. 5834).

1107. — « Trattato dell' antichità... di Tivoli... » e « ... della villa Hadriana. » — XVIᵉ s. (suppl. fr. 5841).

1108-1109. — Ouvrage de « maestro Giohanne Cademosto de la cità di Lode », où l'auteur étudie la manière « de componere herbe et fructi d'ogni materia et ponere la lor qualitate et proprietate, una con li aproprietati rimedi... » Recueil de dessins et figures coloriés avec légendes ; le second volume n'est qu'un herbier. — XVIᵉ s. (suppl. fr. 5846-5847).

1110. — Recueil factice de lettres sur la musique, la plupart de Gandolfo Sigonio, Pietro Aron et Giovanni di Spadari. — XVIᵉ s. (suppl. fr. 5897).

1111. — 1° Lettre autographe de Bembo à « Mad.

Isabetta Quirina. » Padoue, 10 juillet 1539. — 2° Copie d'une lettre de Bembo à « M. Trifon Gabriele. » Padoue, 11 août 1535. — 3° et 4° Deux lettres autographes de Bembo à Cola Bruno. Rome, 8 juillet 1540 et 3 août 1541. — 5° Lettre autographe de Pietro Aretino à Sperone. Venise, 23 octobre 1555. — 6° Lettre autographe de Torquato Tasso à Hercole Rondelli. — 7° Lettre autographe de Bernardo Tasso à Speron Speroni. Venise, 8 mars 1560. — 8° Réponse de Speron Speroni de Padoue. — 9° Lettre autographe de Bald. Castiglione à sa mère. Rome, 16 octobre 1521. — (nouv. acq.)

1112. — Recueil des conclaves : Fol. 1. d'Innocent IX ; — Fol. 15. de Clément VIII ; — Fol. 41. de Léon XI ; — Fol. 98. de Paul V ; — Fol. 126. de Grégoire X. — Fol. 162. « Relation des cardinaux vivantz en l'an 1623 au siége vacant de Grégoire XV, par M^r le marquis de Cœuvres, cy devant ambassadeur du Roy prèz Sa Sainteté. » — xviii° s. (transm. des Archives).

Aux armes de LAMOIGNON.

1113. — « Voto della bo. mem. del card^l Azzolini nella causa della pia mem. del card^l Bellarmino sopra il dubio delle virtu. » — xviii° s. (transm. des Archives).

1114. — « Introduttione nell' Astrologia cavata dal trattato astrologico d'Enrico Ranzovio. » — Dans le sens inverse du ms. on lit : « Sommario dell' Introduttione nell' Efemeridi, » mélanges astrologiques. — xvii° s. (transm. des Archives).

1115. — « Relatione della Corte di Roma et de Riti da osservati in essa et de suoi magistrati et offitii con la loro distinta jurisdizione. » — Fol. 79. « Relatione delle cose di Venetia, fatta da don Alfonso amb^{re} di Spagna. » — Fol. 180. « Instruttione data dal marchese di Bemar, già amb^{re} del Re Cattolico in Venetia, a don Luigi

Bravo... » — Fol. 204. « Relatione del governo del regno di Napoli. » — Fol. 222. « Raggionamento fatto dal duca d'Alva con la Santità di N. S. pape Gregorio decimo V[to], sopra i novi motivi d'Italia. » — XVIIe s. (transm. des Archives).

Aux armes de LAMOIGNON.

1116. — « Istoria dell' abdicazione... di Vittorio Amedeo, rè di Sardegna col succesivo atto di detta abdicazione, o sia rinoncia della corona al re Carlo Emanuele. » — Fol. 25. « Relazione del fatto tumultuoso delli studenti, succeduto nella real città di Torino l'anno 1791, nel mese di giugno. Martelliani » (en vers). — Fol. 45 v°. Série de 77 pièces de poésies, sonnets, chansons, etc., faisant suite à la seconde partie de l'article précédent ; la dernière signée « Padre Corvesi agostiniano », est accompagnée d'une réponse de l'abbé Richeri. — XVIIIe s. (transm. des Archives).

1117. — « Memorie istoriche di Montefortino nella Marca, raccolte dal conte Leopardo Leopardi, patrizio recanatese e cittadino di essa terra. » — 1773 (transm. des Archives).

1119. — « Della origine dellé famiglie nobili di Genova. » — XVIe s. (suppl. fr. 5815).

1120. — Pièces manuscrites et imprimées relatives à la principauté de Monaco. — 1641-1643 (suppl. fr. 1623).

1121. — « Relatione o Diario del viaggio fatto in Costantinopoli dal clar[mo] Giacomo Soranzo, amb[re] della ser[ma] rep[ca] di Venetia,.... l'anno 1582 ». — XVIIe s. (carton 16).

Ms. provenant de VILLOISON.

1122. — « Trattato d'agricoltura, » en six livres, par Giuseppe Antonio Fiorotto ; « Del riso et risare ; del formento ; d'altre granaglie et de legumi ; de prati et modo di farli ; delle viti et vigne ; d'alcune piante e sua coltura. » — Fol. 62. Poésies du même auteur. — Fol. 80 v°. « Lettere di buone feste, missive » e « responsive. » — Fol. 87. « Diversi secretti di medicina, chirurgia et altri, » recueillis par le même. — Fol. 135 v°. Guiseppe Antonio Fiorotto « descrive la sua origine, nascita e vita sino all' anno 1751, di sua età 52, » (en vers). — Fol. 149 v°. « Sonetti » du même « da porsi in frontispizio ad ogni libro d'agricoltura. » — xviiiᵉ s. (nouv. acq.).

1123. — « Lettera familiare al marchese Camillo Massimo su di suo ms. ebraico, di monsignor Filippo Damiano di Priocca. » — xviiiᵉ s. (nouv. acq.).

Voy. les mss. de la Bibliothèque nationale, fonds Hébr. nᵒˢ 17-18.

1124-1127. — Liasse (destinée à former 4 volumes) de pièces relatives au brigandage et à l'occupation militaire française du royaume des Deux-Siciles, sous le premier empire. — xixᵉ s. (nouv. acq.).

1128. — « Ristretto istorico della perdita e racquisto della Spagna, cavato da molti antichi,... dall'abbate D. Gio. Rosset... » — Bologne, 1678 (nouv. acq.).

1129. — « ... Libro delle antiquità di Pyrrho Ligori, napolitano, nel quale paradossamente confuta la commune oppenione sopra varii et diversi luoghi della città di Roma et fuor di essa. » — xviᵉ s. (Sᵗ Germ. fr. 86).

1132. — Même ouvrage que le n° **793**. — xviiᵉ s. (Sᵗ Germ. Harl. 264).

Reliure aux armes de HARLAY.

1133. — « La vita del cardinal Mazarini, dal dì de' suoi natali, » suivi du « Discours sommaire de la vie du

cardinal Mazarin » (en français). — xviiᵉ s. (Sᵗ Germ.
Harl. 356).

1134. — « Relatione della Corte di Spagna. » —
Fol. 98. « L'Ambasciator chimerico del signor cardinale
di Richelieu. » — Fol. 122. « Lettera scritta di Roma
dal signor N. N ad un suo amico in Francfort, circa
l'elettione dell' Imperatore dell' anno 1677. » — Fol.
130. « La dichiaratione che l'illᵐᵒ prencipe Luigi, duca
di Gualdre et di Juliers, conte d'Egmont... ha fatta in
Londres li xx decembre 1696. » — Fol. 140. Lettre du
roi au marquis de Sᵗ Chamont, ambassadeur extraordinaire à Rome (Fontainebleau, 11 octobre 1644). — Fol.
143 vᵒ. Lettre du marquis de Sᵗ Chamont au roi. —
Fol. 145. « Vita del cardinale Polo. » — Fol. 165. « Discorso politico al re di Spagna, scritta da Diego di Zu-
nica. » — Fol. 174. « Discorso politico a l'ambasciatore
di Spagna, in Roma. » — Fol. 177. « Lettera del abbate
P. A. Paolo di Cozenza al principe di Billignano. » —
Fol. 178. « Humile significatione a Nostro Signore circa
il modo di convertire gl'heretici alla santa fede cattolica. » — Fol. 182. « Memorie e lettere del sigʳ maris-
ciallo Strozzi » (1554-1555). — Fol. 212. Réponse à deux
« scritture » relatives à « conceder le bolle alli nominati
dal Re di Francia· alle chiese vacanti... » — Fol. 215.
« Relatione di Roma fatta nel senato veneto, alli 22 di
novembre 1623. » — Fol. 225. « Riposta alle osservationi
del conte Casoni su la protestà del signore marchese
Lavardino, ambasciatore staordinario del Re Christianissimo appresso... Innocentio XIᵒ. » — Fol. 237. « ... Scrittura presentata delli signori ambasciadori... al Sᵒ Collegio, sotto li 10 di febᵒ 1675. » — Fol. 243. « Lettera
del cardinal di Perona al Re di Francia sopra il negozio
de Veneziani » (5 avril 1607). — xviiᵒ s. (Sᵗ Germ. Rés.
1370).

1135. — Figures géométriques et traité de la sphère, le tout suivi de lavis de fortifications. — xvi⁰ s. (Sᵗ Germ. fr. 102).

1139. — Dessins de mors de chevaux, avec légendes explicatives. — xvii⁰ s. (Sᵗ Germ. Gèvr. 1).

On lit en tête du ms. : « Del Sʳ SANIO. »

1147. — « Relatione di sacro concilio di Trento, di Antonio Milledoni, secretario del Conseglio de Dieci di Venetia... » — xvii⁰ s. (Sᵗ Germ. fr. 2043).

1148. — Recueil de pièces italiennes, françaises et latines, relatives aux écrits du P. Santarelli. — 1626 (Sᵗ Germ. fr. 183).

1149. — « Mémoire des écrits des affaires du tems, » énoncé d'un grand nombre d'écrits en français relatifs à la Bulle Unigenitus. — Fol. 46. « Procès-verbal » en italien « de la condamnation de Molinos, rapporté de Rome en 1700 par M. de Gomont, conseiller en la cour des aides et donné à l'abbaïe de Sᵗ Germain en 1737. » — Fol. 69. Autres pièces italiennes et françaises touchant le procès de Molinos. — xviii⁰ s. (Sᵗ Germ. Rés. 314).

1150. — « Scritture spettanti all' origine e progressi della controversia nata in Francia tra il cardinal di Noailles e li vescovi di Luc e della Rocella, per causa dell'opera perniciosa di Quesnello.... » — Fol. 61. « Considerazioni pacifiche e sincere per servire di risposta alla memoria mandata a Roma da Monsʳ Nunzio... » — Fol. 69. « Minute du Bref aux cardinaux de Rohan et de Bissy, mis en latin, corrigée de la propre main du pape » Clément XI. — Fol. 73. « Lettre de monsʳ l'evêque de Castre à Mgr le Regent » (en français). — Fol. 76. « Lettre de M. l'évêque de Gap au pape, du

29 mai » (en latin). — Fol. 89. « Autre lettre de ces deux évêques à N. S. P. le pape » (en latin). — Fol. 94. Lettre du sr Humbelot, docteur de Sorbonne, au pape... (en latin). — Fol. 97. « Lettre des évêques de Luçon et de la Rochelle au pape, du 1 janvier 1711 » (en latin). — Fol. 100. « L'original du Bref envoié à ces mêmes évêques le 4 juillet 1711, reformé de la propre main de Sa Sainteté » (en latin). — Fol. 102. « Réponse de M. l'évêque de Gap à la lettre imprimée de M. l'archevêque d'Embrun » (en français). — Fol. 108. « L'original de la lettre que Sa Sainteté écrivit de sa propre main au cardinal de Noailles, 1712 » (en latin). — Fol. 110. « Lettre de Nogaret, écritte de Lion le 17 février 1712 au P. Daunan jésuite, avec la copie d'une autre écritte de Bordeaux, le 4 du même mois. » — Fol. 112. « Lettre du P. Roslet, général des Minimes, à Sa Sainteté, du 19 mars 1712 » (en français). — Fol. 113. « Lettre du card¹ de Noailles au card¹ Paolucci, du 1 mai 1712 » (en latin). — Fol. 119. « Copie de la lettre que le Roy devoit faire écrire à tous les évêques de France sur cette dispute » 1712 (en français). — Fol. 120. Copia di due lettere scritte all' em° card. Paolucci dall' abbate Carlo Borio, di Parigi, 16 et 23 maggio 1712. — Fol. 122. « Bref au cardinal de Noailles, du 3 septembre 1712, corrigé de la propre main du pape » (en latin). — Fol. 124. « Lettre des évêques de Luçon et de la Rochelle au pape, du 30 juin » 1712 (en latin). — Fol. 127. « L'original du Bref qui servit de réponse à ces évêques... » (en latin). — Fol. 129. « Lettre de M. l'évêque de Gap à S. S., du 17 septembre 1713 » (en latin). — Fol. 131. « Lettera della Segretaria di Stato, scritta a Monsr Nunzio in Parigi, li 27 feb° 1714. » — Fol. 135. « Copie d'une lettre de M. de Torcy, a Versailles, le 25 mars 1714 » (en français). — Fol. 137. « Lettera della Segretaria di Stato a Monsr Nunzio in Parizi, 17 marzo 1714. » — Fol. 139. « Copia

di una lettera del sig^re card° Spada all' inquisitore di Avignone, sotto i 17 marzo 1714. » — Fol. 140. « Lettre du même cardinal à S. S., du 2 mai » 1714 (en latin). — Fol. 151. « Lettre de M. l'évêque de Vaison, du 18 mars 1712. » — Fol. 153. « Commancement d'une lettre écrite de Paris, le 30 juillet 1714. » — Fol. 156. « Lettre du procureur général des missions étrangères, ecritte à S. S. le 6 aout » 1714 (en français). — Fol. 158. « Copie d'une lettre écrite de Paris, le 27 août 1714. » — Fol. 159. « Copie d'une lettre de M. Aldovrandi à S. S. écrite de Fontainebleau le 2 d'octobre » au card. de Noailles. — Fol. 162. « Lettre écrite de Rome au card^l de Noailles, le le 9 octobre 1714. » — Fol. 166. « Autre lettre écrite de Paris le 10 du même mois... » — Fol. 168. « Mémoire remis à monseigneur le card. Annibal Albano... sur l'affaire de la Constituzion *Unigenitus* » (en français). — Fol. 171. « Venerabili Tn. Cornelio archiepiscopo carthaginiensi Clemens papa XI. » — Fol. 173. « Deux dissertations ou Avvis du card^l Tolomei... sur un projet d'acceptation de la constitution *Unigenitus*... » (24 juillet 1714 et 27 janvier 1715) (la suite est au fol. 277). — Fol. 178. « Copia litterarum et programmatum archi-et episcoporum, necnon abbatum, jurisdictionem spiritualem habentium intra fines nuntiature Coloniensis circa publicationem Bulle *Unigenitus* » (en latin). — Fol. 184. Deux lettres en latin du pape Clément XI au cardinal de Noailles. — Fol. 191. « Lettera scritta di propria mano di papa Clemente undecimo al re christianissimo Luigi XIV, » 7 avril 1715 (en latin). — Fol. 195. « Discours prononcé par le pape Clement XI dans la congrégation générale des cardinaux tenue le 27 juin 1715... » — Fol. 221. « Recueil des vœux des cardinaux sur la resoluzion que l'on doit prendre contre les évêques desobeïssans, entre lesquels se trouve le cardinal de Noailles et sur la maniere de procéder contre eux. » — Fol. 233. « Sept feuil_ les ecrites de la propre main du pape sur l'affaire de l'appel de Sorbonne » (en latin). — Fol. 242. « Réponse de Mgr le Regent a M^r l'évêque de Castre, du 23 janvier 1717 » (en français). — Fol. 243. « Avis envoié de Paris sur l'opiniatreté du card^l de Noailles. » — Fol. 244. « Lettre de Christofle Bermeintinghez au card^l Paolucci, du 19 d'octobre. » — Fol. 247. « Feuille envoiée de Paris sur l'affaire de l'Appel, » 15 mars 1717 (en français). — Fol. 255. « Feuille sur l'adhésion de quelques théologiens de Paris, à l'appel des 4 évêques, du 12 mars 1717 » (en latin). — Fol. 256. « Francisci Frosini archiepiscopi Pisarum, Corsice et Sardinie primatis, responsio ad ill^{um} et rev^{um} dominum Johannem Cesarem, episcopum nemausensem, dolentem silentio episcoporum Italie adversus impugnantes constitutionem *Unigenitus* » (en latin). — Fol. 277. Suite (voy. fol. 173). — XVIIIe s. (St Germ. Rés. 346).

1151. — De l'état de la propagâtion de la foi dans le monde; mémoire adressé à Innocent XI. — XVIIe s. (St Germ. Rés. 1396).

1153. — Conclaves tenus à l'avènement des papes : Clément VI; — (fol. 13) Urbain VI; — (fol. 43) Nicolas V; — (fol. 57) Callixte III; — (fol. 65) Pie II; — (fol. 89) Paul II; — (fol. 95) Sixte IV; — (fol. 99) Innocent VIII; — (fol. 113) Alexandre VI; — (fol. 131) Pie III; — (fol. 147) Jules II; — (fol. 169) Léon X; — (fol. 185) Adrien VI; — (fol. 197) Clément VII; — (fol. 233) Paul III; — (fol. 249) Jules III; — (fol. 281) Marcel II; — (fol. 297) Paul IV; — (fol. 319) Pie IV; — (fol. 339) Pie V; — (fol. 375) Grégoire XIII; — (fol. 389) Sixte V; — (fol. 407) Urbain VII. — XVIIe s. (St Germ. Gévr. 103).

1154-1155. — Conclaves tenus à l'avènement des papes :

Vol. I. — Pie III; — (fol. 11) Jules II; —(fol. 15 v°) Léon X; — (fol. 22) Adrien VI; — (fol. 27 v°) Clément VII; — (fol. 45 et 64) Jules III; — (fol. 78) Marcel II; — (fol. 90) Pie IV; — (fol. 100) Grégoire XIII; — (fol. 105) Sixte V; — (fol. 116) Urbain VII; — (fol. 134) Innocent IX; — (fol. 144, 195 et 232) Clément VIII.

Vol. II. — Paul III; — (fol. 9) Paul IV; — (fol. 23) Pie IV; — (fol. 59) Pie V; — (fol. 94) Grégoire XIII; — (fol. 104) Sixte V; — (fol. 130) Urbain VII; — (fol. 150) Grégoire XIV; — (fol. 237, 248 v° et 264) Innocent IX; — (fol. 287) Léon XI; — (fol. 333) Paul V; — (fol. 370) Grégoire XV; — (fol. 418) Urbain VIII. — xviie s. (St Germ. Harl. 284[1-2]).

1161. — Conclaves tenus à l'avènement des papes : Grégoire XIII; — (fol. 13) Urbain VII; — (fol. 27 et 105) Grégoire XIV; — (fol. 159) Innocent IX; — (fol. 178) Clément VIII; — (fol. 196) Léon XI; — (fol. 253), Paul V. — Fol. 285. « Sommario della Bolla di N. S. Gregorio XV sopra l'elettione del Pontefice romano, disposto per capi distintamente. » — Fol. 295. Conclaves tenus à l'avènement des papes : Grégoire XV; — (fol. 336) Urbain VIII. — xviiie s. (St Germ. fr. 1669).

1163. — Conclaves tenus à l'avènement des papes : Léon XI; — (fol. 45) Paul V; — (fol. 83) Grégoire XV; — (fol. 119) Urbain VIII. — xviie s. (St Germ. fr. 1475).

Reliure aux armes de Séguier.

1164. — Conclaves tenus à l'avènement des papes : Sixte V; — (fol. 31) Clément VIII; — (fol. 51) Léon XI. — Fol. 105. « Relatione del Delfino, cavaliere et procuratore ritornato ambasciadore da Roma, l'anno 1598. » — xviie s. (St Germ. lat. 473[2]).

1165. — « Discours de ce qui s'est passé au Conclave

pour l'eslection du pape Alexandre VII » (en français).
— Fol. 189. « Conclave d'Innocentio X° et creatione
d'Alessandro Settimo. » — Fol. 188. « Relatione del
Conclave d'Innocentio X, nel quale e stato eletto in
Sommo Pontefice Alessandro 7mo. » — Fol. 199. « De
Alexandri Septimi pontificatu vaticinium quod Francis-
cus Alethinus, Roma in patriam rediens… edidit…
1654… » (en latin). — Fol. 203. « Version française ou
imitation des vers latins cy devant, par M. Godeau »
(en français). — Fol. 207. « Ultima allegatione giuridi-
copolitica, nella quale si prova che Mons' vescovo di
Lamego dove di Sua Santità riceversi come ambasciatore della Maestà di Don Giovani 4°, nuovo re di Portogallo. » — XVIII° s. (S' Germ. Harl. 286).

1166. — « L'histoire des cérémonies du siège vacant
ou la relation véritable de ce qui se passe à Rome à la
mort du pape »… (Impr. français 1655, avec portrait
d'Alexandre VII), suivi de « Il Mercurio overo la verità…
intorno alla creatione di Alessandro Settimo » et d'une
Vie de ce pape. — XVII° s. (S' Germ. Harl. 287).

1167. — « Discours sur le futur Conclave faict pendant la guerre des princes d'Italie contre Sa Sainteté »
Innocent X (en français). — Fol. 17. « Conclave di papa
Innocentio X, nell' anno 1644, scritto dal cardinal Rapaccioli. » — Fol. 102. Conclave nell' assuntione al Ponteficato di papa Innocentio X°°. » — Fol. 151. « Relation
vérittable de ce qui s'est passé en la création du pape
d'à présent Innocent X°°, contre les faux bruicts publiez
au desadvantage de Mons' de S' Chaulmont, lors ambassadeur extraordinaire du Roy près Sa Sainteté » (en
français). — Fol. 158. « Déclaracion du marquis de
Sancto Vitri, traduicte d'italien en françois, à Rome le
IV° d'octobre 1644. » — Fol. 162bis-1 « Lettre du Roy à
Mons. le marquis de S' Chaumont… » (en français). —

Fol. 163. « La giusta Statera delli porporati, 1646. » —
Fol. 286. « Relatione fatta da N. Contarini, tornato dall'
ambasciaria di Roma, l'anno 1647. » — Fol. 315. « Relatione del cavagliere Giovanni Giustiniano fatta nella sua
ambasciaria di Roma. » — Fol. 403. « Al signor Bailly
deValensé, ambasciatore ordinario appresso Sua Santità,
il cardinal Mazarini, da Compiene 16 may 1649. » — Fol.
482. « Instruttione del signor Bailli de Valenzé... al suo
successore in Roma, 1653. » — Fol. 523. Noms et titres
des cardinaux vivant sous Innocent X. — XVIIe s. (S^t
Germ. Harl. 285).

1168. — « Stato della religione cattolica in tutt' i
mondo per la Santità di N. S. Innocentio XI, d'Urbano
Cerri, segretario della Congregatione di propaganda. »
— 1677 (St Germ. fr. 1457[1]).

1169. — Même ouvrage que le n° **1168**. — XVIIe s
(St Germ. fr. 1457[2]).

1170. — « Relatione del clariss° Bernardo Navagero...
alla republica... di Venetia, tornando da Roma ambasciadore... 1558... » — Fol. 29. « Relatione del magni-
fico M. Matteo, ambasciadore del Preste Gian a papa
Paolo Terzo delle cose pertinenti allo stato ecclesiastico
et cose pie. » — Fol. 31. « Relatione del clarissimo signore Federigo Badovaro, ritornato ambasciadore
della... republica venetiana da Carlo V°... 1557. » —
Fol. 109. « Relatione di Francia del clariss^{mo} M. Michael
Suriano, ambassador vereto... 1561. » — Fol. 133.
« Relatione di Camillo Capilupi sopra la morte di Coli-
gny, ammiraglio, et di altri ribelli, seguita di ordine di
Carlo IX, re di Francia. » — Fol. 163 v°. « Lettre del Re
di Navarra et del Prencipe di Condé, scritte a papa Gregorio XIII, l'anno 1572. » — Fol. 168. « Relatione del
clariss° M. Girolamo Lippomani nel ritorno di Polonia,

fatta all' ecc^mo senato veneziano, l'anno 1575. » — XVIIe s.
(St Germ. Gèvr. 53).

Reliure aux armes de POTIER DE GESVRES.

1171. — Recueil d'instructions émanant pour la
plupart des papes, et relatives aux affaires ecclésias-
tiques, de 1442 à 1562 (latin et italien). — XVIe s. (S^t
Germ. fr. 713).

Une table très-détaillée est en tête du volume.

1175. — Instruction donnée par le pape Urbain VIII
au cardinal Ginetti l'envoiant legat a latere à Cologne
pour traicter la paix generale entre les princes chrestiens,
1636, » précédée d'une analyse sommaire (en français)
de cette « Instruction. » — XVIIe s. (St Germ. fr. 837).

Copie de Dupuy pour le chancelier SÉGUIER.

1183-1184. — « Lettres » autographes « de cardinaux de touttes sortes de nations, rangées par ordre
alphabétique » (1er vol. A-H, 2me vol. J-V). — XVIe et
XVIIe s. (St Germ. Harl. 362^{1-2}).

Une note nous apprend que chaque « volume est rangé par les
noms dont on appelloit vulgairement lesd. cardinaux. »

1185. — Recueil de pièces manuscrites et imprimées
relatives à la famille Barberini. — XVIIe s. (St Germ.
fr. 876).

De la bibliothèque de BAUDRAND.

1187-1190. — Dictionnaire de termes de droit canonique (Pars prima episcoporum, vol. I et II ; pars
secunda, regularium, vol. III ; pars tertia, monialium,
vol. IV). — XVIe s. (St Germ. fr. 146^{1-4}).

1192. — « Cronica d'Italia » depuis l'invasion d'At-
tila jusqu'au commencement du XVe siècle. — XVIe s.
(St Germ. fr. 1522).

1193-1198. — « Avvisi, » correspondances diplomatiques ou extraits de correspondances, relatives à la politique européenne de 1646 à 1657. — XVIIe s. (St Germ. fr. 1183[1-6]).

Les vol. **1194** et **1195** ont été catalogués par Marsand sous les n°s 811 et 812 de ses notices.

De la bibliothèque de BAUDRAND.

1199. — Recueil de lettres : Lettre de Renée de France, duchesse de Ferrare à M. de Bourdillon, lieutenant général du roi en Piémont. Carmagnolle, 3 octobre 1560 (en français). — Fol. 2. Lettres de Charles IX et de Catherine de Médicis à Renée de France. Paris, 11 juin 1568 (en français). — Fol. 3. Vingt-cinq lettres d'Alphonse d'Este, duc de Ferrare, à Charles IX, à Catherine de Médecis, au duc d'Anjou, à M. de Villeroy, de 1568 à 1573. — Fol. 28. Lettre de Barbe d'Autriche, duchesse de Ferrare à Charles IX. Ferrare, 28 avril 1571. — Fol. 29. Trois lettres de Marguerite de Gonzague d'Este, duchesse de Ferrare au roi et à Catherine. 1586 et 1614. — Fol. 32. Cinq lettres de François d'Este, à Charles IX et au duc d'Anjou. 1571-1572. — Fol. 37. Quatre lettres de César d'Este à Charles IX. 1578-1618. — Fol. 41. Lettre de François d'Este pour recommander l'abbé Manzière. Modène, 20 mai 1651 (en français). — Fol. 42. Dix-neuf lettres de Guillaume et d'Eléonore, duc et duchesse de Mantoue, et de Vincent, leur fils, prince puis duc de Mantoue, adressées à Charles IX, au duc d'Anjou, à Henri III, à M. de Villeroy, à Philippe de Béthune, ambassadeur de France à Rome, à Henri IV, de 1570 à 1611. — Fol. 61. Huit lettres de Marguerite, duchesse de Mantoue, de Ferdinand et de Catherine de Médicis, sa femme, à la reine mère, à Louis XIII, au duc de Bouillon et à M. de Villeroy, de 1613 à 1622. — Fol. 67. Lettre de Marie de Mantoue au Chancelier de France,

20 janvier 1644. — Fol. 70. Lettre de Vincent de Gonzague à Louis XIII. Mantoue, 28 août 1612. — Fol. 71. Trois lettres d'Octave Farnèse, duc de Parme, dont deux adressées à Charles IX. 1570-1571. — Fol. 74. Lettre du duc d'Urbino au duc d'Alençon. Pesaro, 3 décembre 1572. — Fol. 75. Lettre de la duchesse d'Urbino. Pesaro, 1er décembre 1572. — Fol. 76. Lettre du duc d'Urbino au cardinal de Gonzague, 6 décembre 1612. — Fol. 77. Trente-trois lettres de la comtesse de la Mirande. 1570-1588. — Fol. 112. « Trois lettres du comte de la Mirande. 1569-1573. — xvie s. (St Germ. Harl. 258).

1200. — 1° Copies de lettres et d'extraits de lettres, adressées de Paris au cardinal Borghèse, au cardinal Lanfranc, à la reine de France, à l'ambassadeur vénitien, au cardinal Bellarmino, au cardinal Mellini (1608 à 1615). — 2° « Lettres tirées des Registres de la nonciature d'Ubaldini depuis 1608 jusques à 1616, touchant la doctrine et les sentimens du roiaume » adressées de Paris au cardinal Borghèse, au cardinal Lanfranc, à l'ambassadeur de Venise, au cardinal Arrigo, au jésuite D. Martino Beccano, au cardinal Mellino, à l'archevêque d'Angleterre, au cardinal de Ste Cécile, à Mr de Villeroy, au cardinal Belarmino. — xviiie s. (St Germ. Harl. 290).

1203. — Procès de faux monnayeurs siciliens (pièces latines et italiennes) 1604 à 1608. — xviie s. (St Germ. fr. 321).

On lit en tête du ms. : « BALESDENS. »

1204. — Statuts de Florence, livre deuxième. — xviie s. (St Germ. Harl. 257¹).

1205. — Même ouvrage que le n° **53**. — xvie s. (St Germ. Harl. 257²).

1206. — Autre exemplaire incomplet des nos **53** et

1205 (le 1er livre et la fin du 3me manquent). — XVIIe s. (St Germ. Harl. 257³).

1207. — Lettres des ducs, duchesses et princes de Florence, de 1568 à 1630. — (St Germ. Harl. 257⁷).

1208. — Correspondance de Mr de Villeroy (en fran·çais et en italien), de 1589 à 1613. — (St Germ. Harl. 257⁸).

. Reliure aux armes de HARLAY.

1209. — Recueil de lettres politiques, datées pour la plupart de Florence, de 1607 à 1623. — (St Germ. Harl. 257⁹).

Reliure aux armes de HARLAY.

1210-1211. — Recueil de correspondances datées de Gènes et adressées à Mr de Puysieulx, de 1607 à 1624. — St Germ. Harl. 260¹⁻²).

Reliure aux armes de HARLAY.

1212. — Lettres politiques datées de Mantoue, de 1606 à 1624 (français et italien). — (St Germ. Harl. 253²⁰).

. Reliure aux armes de HARLAY.

1213. — « Relazione del conte Alessandro Striggi al serenissimo Carlo Primo, duca di Mantova..., l'anno 1631, della sua ambascieria di sei anni in Ispagna, e dello stato presente di quella corona e corte. » — XVIIe s. (St Germ. fr. 1420).

. Reliure aux armes de SÉGUIER.

1217. — « Delle historie di Gian Giacomo Caroldo libri undeci. » — XVIIe s. (St Germ. fr. 1524).

1221. — Vie de Paolo Sarpi par Frà Fulgentio bresciano. — xviiie s. (St Germ. Harl. 263).

1223. — Relations d'ambassadeurs vénitiens. — xvie s. (St Germ. fr. 1434).

Volume rendu illisisible par l'humidité.

1224. — « Relatione di Ms. Vincenzo Fedeli, segretario dell' ill^{ma} signoria di Venetia, tornato dal duca di Fiorenza... — xviie s. (St Germ. fr. 1435).

1239. — « Estrati da' discorsi d'Amirato sopra Tacito et da Schiappalaria ne' discorsi sopra la vita di C. J. Cæsare, in Vinegia 1600. — (St Germ. fr. 1322).

1240. — « Relatione politica delle differenze nate tra papa Paulo Quinto et li SS^{ri} venetiani l'anno 1605, con li negotiati di diversi prencipi e ministri di corone, et finalmente l'accordo seguito tra una parte e l'altra. » — xviiie s. (St Germ. Rés. 171).

1241. — Même ouvrage que celui qui forme le n° **1240**. — Fol. 414. « Relatione alquanto satirica del stato, costumi e disordini della città di Venetia, nell' anno 1605. » — Fol. 436. « Relationi de trattati di pace conclusi in Nimega e dello stato dell' Alemagna e dei prencipi della medesima, presentate a N. S. Innocenzo XI da monsignor Bevilacqua, patriarcha di Alesandria... » — xviie s. (St Germ. fr. 1414).

1244. — « Viagio di Germania di Gio. Battista Nicolosi da Palerno in Sicilia, » lettres adressées au prince cardinal « Reinaldo da Este, » à Rome, 1645-1647. — Fol. 27. « Aurei avvertimenti. » — Fol. 34. « Detti dell' imperatore Carlo Quinto sopra il numero *tre*. » — Fol. 37. Description de la Sicile par don Horaçio Estroci (en espagnol). — Fol. 61. « Lettres du cardinal Hippolithe

de Ferrare, nonce en France, les années 1561-1562. » —
Fol. 131. « Responsio Zegeri Bernardi van Espen ad propositiones, quas inter sexaginta et unam nuper dilatas
opponit pater Bernardus Desirant » (en latin). — Fol.
133. «Responsio Joannis Liberti Hennebel, academiæ Lo-
vaniensis deputati, ad propositiones sexaginta et unam
quas variis Belgii theologis opponit pater Bernardus
Desirant » (en latin). — xviii° s. (S¹ Germ. Gèvr. 18).

Timbré aux armes de B.-H. DE FOURCY.

1245. — « Relatione del clariss° Ms. Vincenzo Qui-
rino, ritornato ambas⁵ da Philippo d'Austria, re di Castiglia, l'anno 1510. » — Fol. 57. Relatione di « Antonio
Thiepolo, tornato ambasciatore dal catholico re Filippo, »
en 1567. — Fol. 129. Relatione di « Thomaso Contarini,
ritornato ambasciatore... dal catholico re Filippo 2° di
Spagna, » en 1596. — Fol. 209. « Nota di tutti li titolati
di Spagna con le loro casate,... de tutti gli arcives-
covati... » Madrid, 30 mai 1581. — Fol. 229. « Ragionamento di Carlo V⁵° imperatore al re Filippo, suo
figliuolo, nella consignatione del governo de suoi stati
et regni... » — Fol. 340. « Lettera di Mons⁵ di Terracina, nuntio di papa Pio IIII, appresso al Re Catholico..
l'anno 1560. » — Fol. 372. « Raguaglio della prigionia
del Principe Don Carlo d'Austria. Di Madrid a 26 di gennaro 1568. » — Fol. 375. Lettre du roi d'Espagne au pape
Pie V, 1568 (en espagnol). — Fol. 378. Lettre du roi
d'Espagne à la Reine de Portugal, 1568 (en espagnol). —
Fol. 380 v°. « Lettera del Re Catholico a don Parafan di
Ribera, duca d'Alcala,... » 1568. (Ces trois lettres sont
relatives à l'emprisonnement de don Carlos). — Fol.
382. « Relatione di Spagna et di Portogallo, fatto l'anno
1572. » — Fol. 460. « Genealogia dei re di Portogallo,
cominciando da Emanuele, re XIIII, fino ad. Henrico ultimo morto, con le ragioni di quelli che pretendono la suc-

cessione in quel regno. » — Fol. 466. « Informatione
sommaria del principio et progresso della conversione
che hanno havuto i Giudei nel regno di Portogallo... »
— Fol. 476. « Informatione sopra la conversione delli
nuovi christiani di Portogallo et di molti accidenti seguiti contra di loro in diversi tempi. » — Fol. 494.
« Brevissima relatione della destruttione dell' Indie,
raccolta per il r^mo vescovo, don Frà Bartolomeo de Las
Casas ò Casaus, dell' ordine di San Domenico. » —
xviiie s. (St Germ. Harl. 228^20).

1246. — « Relatione di Spagna. » — Fol. 53. « Relatione del re di Spagna riferita in senato veneto » par
« Michel Soriano... » 1571. — Fol. 127, « Compendio
delli stati et governi di Fiandra. » — Fol. 147. « Particolar informatione alla regia sacra et cattolica Maestà del
nobile magistrato di Vinegia. » — Fol. 178. « Memoria
di quel che fruttano al Re di Spagna un anno per l'altro
le bolle della Cruciata... » — Fol. 183. « Relatione delle
rendite ordinarie [e staordinarie] di ogni anno del regno
di Castiglia... » — Fol. 187. « Relatione di Venetia.....
del 1569. » — Fol. 223. « Relatione sommaria della
forma et modo che tengono in negotiare i Suizzeri et
Grisoni. » — Fol. 237. « L'entrate et spese delli regni
del ser^mo Re Cattolico. » — Fol. 247. « Relatione del regno
di Portogallo et sua historia. 1577. » — Fol. 264. « Historia di Portogallo raccolta in breve compendio. » —
Fol. 292. « Relatione delle cagioni che mossero il re di
Portogallo all' impresa dell' Africa et il seguito della
battaglia l'anno 1578. » — Fol. 304. Même pièce que
celle du n° **1245**, fol. 466. — Fol. 315. « Lettera mandata dal re Mulai Hamet al re D. Sebastiano... » —
xviie s. (St Germ. fr. 1441).

Reliure aux armes de Séguier.

1251. — « Relation di Mr Christophoro delle cose

del mare. » — Fol. 55. « Sommario della relatione di Constantinopoli » di Gio. Francesco Moresini, hora cardinale, 1581. » — Fol. 75. « Discorso sopra chi voleva biasmare la republica venetiana per la pace fatta col Turco. » — Fol. 125. « Discorso sopra la precedenza tra Spagna et Francia. » — Fol. 156. « Delli stati ch' hoggi sono soggetti al re di Spagna et come sono caduti in suo potere. » — Fol. 164. « Delli fondamenti dello stato et delli parti essentiali che formano il principe di Don Scipio da Castro. » — xvie s. (St Germ. Harl. 226).

1254. — « Ragionamento di Carlo V imperatore al re Filippo, suo figliuolo.. » Voyez le n° **1245.** — Fol. 103. Relation de Giulio Ruggieri, nonce du pape Pie V auprès du roi de Pologne (1568). — Fol. 199. « Nota di tutti li titolati di Spagna con le loro casati... » Madrid, 30 mai 1581. Voy. le n° **1245.** — Fol. 219. Relation de Thomasso Contarini, ambassadeur venitien à la cour d'Espagne (1593). — Fol. 291. « Avvertimenti per il governo di Sicilia di don Scipione di Castro al signor M. Ant. Colonna, 1572. » — Fol. 347. « Relatione di Milano, nella quale si narrano molti belli particolari. » — xvie s. (St Germ. fr. 1329).

1256. — Discours sur l'expulsion du comte-duc don Gaspar de Guzman de la cour d'Espagne. — xvi^e s. (St Germ. fr. 1590).

1258-1259. — « Spiegationi e prove de quali si dolgono alla Sede Apostolica li Christiani discendenti da sangue ebreo nel regno di Portogallo contro gli stili, usi e modo di procedere degl' inquisitori di quel regno. » — xvii^e s. (St Germ. fr. 182$^{1-2}$).

1260. — « Due scritture presentate successivamente da gl' inquisitori di Portogallo al ser^{mo} prencipe D. Pietro, regente di quel regno, per impedire il ricorso delli

Christiani discendenti da sangue hebreo alla santa Sede Apostolica. » — xvɪɪ^e s. (St Germ. fr. 1305¹).

1261. — Réponse aux « Due scritture » contenues dans le ms. **1260**. — xvɪɪ^e s. (St Germ. fr. 1305²).

1262. — « Relacione » di « Giovanni Michiel, venuto di Franza ambasciatore... » — Fol. 206. « Relatione » di « Bernardo Navagiero... quando ritornò da la legatione di papa Paulo IIII... » 1557. — xvɪɪ^e s. (St Germ. Gèvr. 36).

De la bibliothèque de B.-H. DE FOURCY.

1263. — « Reliatione di Francia del cavalier Battista Nani, veneto ambasciador staordinario... » — Fol. 17. « Relatione della corte di Savoja, di Cattarin Belegno, amb^{re} veneto. » — Fol. 25. « Relatione della corte di Spagna dell' ill^{mo} sig^r arcivescovo d'Ambrun, ambasciator staordinario di Francia. » — Fol. 45. « Frammento della relatione di Spagna, di cav^{er} Pietro Bazadonna, amb^{or} ord^{rio} in quella corte dall' anno 1647 sin' all' anno 1651. » — Fol. 51. « Relatione d'Inghilterra. » — xvɪɪɪ^e s. (St Germ. Gèvr. 56).

De la bibliothèque d'A.-N. AMELOT DE LA HOUSSAYE.

1270. — « Traitté sommaire » sur l'institution des Légats, « fait au sujet de la légation du cardinal Chisy venu en France en exécution du traitté de Pize » (en français). — Fol. 52. « Instrutione al signor cardinale Ginetti, legato a latere per andare a trattare la pace in Germania... 1636. » — Fol. 219. « La fama di Luigi XIII,... re di Francia..., composta da Pancratio Alerio... » — Fol. 324. Lettre de Mons. Favoriti contre l'arrêt du parlement de Paris du 24 septembre 1680. — Fol. 352. Deux pièces en latin sur la régale, la première est l'œuvre du cardinal de Lucques (1682). — Fol. 371. « La cifra ridotta a giandissima brevità, » par Giovanni Battista Belaso... » — Fol. 380. « Relatione delle parocchie della diocesi di Porto. » — Fol. 398. Monnaies d'Alicante (en espagnol). — Fol. 400. « Note sur deux mémoires d'Opilio, patrice romain. — Fol. 401. Décret de l'inquisition de Tolède, du 14 novembre 1695 (en espagnol). — Fol. 403. Lettre de G. M. Pellegrini. Naples, 5 mars 1695. — Fol. 405. Taxe de guerre imposée aux Romains en 1527 (en latin). — xvii° et xviii° s. (St Germ. Rés. 1391).

1271.— « Instruttione al sig^r cardinal de Medici del modo come si deve governare nella corte di Roma, fatta dal sig^r Lelio Mazzetti,..» — Fol. 30. Journal de Rome du 5 mai au 9 octobre 1664. — Fol. 146. « Trattato et conclusione della lega contra il Turco tra papa Pio Quinto, Re Caltolico et signoria di Venetia, del sig^r Michel Suriano. » — xviii° s. (St Germ. Rés. 130).

1272. — « Meriti et demeriti della corona di Francia... » — Fol. 18. « Negotiato di lega et di pace tra l'imperatore Carlo Quinto et Francesco, re di Francia... » — Fol. 54. « Lettera sopra il regionamento che fece l'imperator Carlo V^{to} l'anno [1536], venendo da Tunisi... » — Fol. 75. « Risposta del re Francesco... al ragionamento che fece l'imperator Carlo V^{to} l'anno 1536... » — Fol. 89. « Essortatione a Francesco, re di Francia,... che si levi dall' amicitia et intelligenza ch' egli ha col Gran Turco. » — Fol. 99. Trois lettres d'Ascanio della Corgna, l'une adressée au roi de France « Sopra le cose di Parma », les deux autres au connétable de France (1551). — Fol. 109. Proposition du roi de France à la république de Gènes (1551). — Fol. 110 v°. Réponse de Gènes. — Fol. 113. « Articoli passati » entre le pape Jules III et le cardinal de Tournon, au nom du roi de France (21 avril 1552). — Fol. 120. « Relatione del primo congresso fatto dalli deputati dell' Imperatore et re di Francia presso Calès... » (1555). — Fol. 131. «Capitoli della tregua per cinque anni... » (1556).— Fol. 144. « Regis Francorum [Henrici II] excusatio de induciis quinquennalibus » (en latin). — Fol. 158. « Memoriale dato al sigʳ Annibal Rucellai per Francia, alli xɪɪɪɪ di settembre. » Ce « memoriale » signé du cardinal Carrafa, est suivi de nombreuses lettres et instructions émanant sans doute de la même source (1556). — Fol. 266. « Littera del cardinale di Mantova, legato al concilio di Trento, scritta al cardinal Borromeo.. » (1563). — Fol. 270. « Relatione venuta di Trento sopra la precedenza degli ambasciatori di Francia et di Spagna, con alcune lettere di Monsʳ Rᵐᵒ Paleotto et del cardinale di Loreno... » (1563). — Fol. 284. « Lettere del card¹ Borromeo et del card¹ di Como alli nuntii di Francia, di Spagna et di Venetia sopra il luogo degli ambasciatori de prencipi in Capella pontificia. » — Fol. 290. « Lettere dell' illᵐᵒ cardinal Orsino sopra il suo negotiato in Francia mentre vì fu legato di papa Gregorio XIII, l'anno 1572. » — Fol. 380. « Raguaglio delle pratiche tenute con il re di Spagna dalli signori di Guisa nella lega di Francia in tempo del re Henrico Terzo. » — Fol. 385. Avvertimenti al signor cardinale Caetano per la sua legation di Francia nell' anno 1589. » — Fol. 403. « Del conte Broccardo a Sua Maestà sopra il modo che si potria tenere per liberare il regno di Francia della miseria in che si trova per la confusione della religione. » — xvɪɪɪᵉ s. (Sᵗ Germ. Harl. 279).

1278. — Affaire du maréchal de Créquy à Rome, en 1662. — xvɪɪɪᵉ s. (Sᵗ Germ. fr. 1035). — Voy. aussi le n° **150.**

1279. — Pièces relatives à l'affaire du marquis de

Lavardin à Rome, en 1690 (italien, français et latin). — XVIIIe s. (St Germ. Rés. 129).

1282. — « Relatione d'Inghilterra et di Scotia... » — Fol. 61. « Relatione del Mag^{co} Ms. Michele, venuto amb^{re} d'Inghilterra... 1557. » — Fol. 188. « Relatione del sig^r Francesco Gondola, fatta alla S^{tà} di papa Gregorio XIII, de alcuni particolari del Turco, 1574. » — Fol. 248. « Relatione di Costantinopoli del Sor Maffeo Venieri, l'anno 1582. » — Fol. 322. « Relatione di Ms. Vincenzo de gl' Alessandri al ser^{mo} prencipe et ecc^{ma} sig^{ria} di Venetia delle cose da lui osservate nel regno di Persia. » — XVIIe s. (St Germ. fr. 1443).

Reliure aux armes de Séguier.

1283. — « Relatione delle cose del regno d'Inghilterra scritta per Petruccio Saldino (?) fiorentino, nel 1551. » — XVIIe s. (St Germ. fr. 1444).

1285. — « Historia della guerra de Turchi contra signori venetiani, descrita in anni quatro, Fidel Fideli autore » (histoire de la conquête de Chypre en 1571) — XVIIe s. (St Germ. fr. 1515).

1289. — « Discorso et relatione delli cavalli et regie razze di Puglia, per il dottor Camillo Borrello.... » — 1603 (St Germ. lat. 1079²).

Reliure aux armes de Philippe III, auquel l'ouvrage est dédié.

1291. — « Della natura e virtù della vipera, » par Timotheo Camotio. — XVIIe s. (St Germ. fr. 1938²).

1294. — Traité de fortification militaire, avec dessins inachevés. — XVIe s. (St Germ. fr. 1195).

1295. — Traité de mathématiques, comprenant l'arithmétique, la géométrie, la cosmographie, la géographie physique et historique. — XVIIe s. (St Germ. fr. 1185).

1296. — Traité d'arithmétique et de géométrie pratiques, par Mussio. — 1614 (St Germ. Gèvr. 51).

De la bibliothèque de B.-H. de FOURCY.

1300. — « Instruttione al sig^r d'Urfé, ambasciatore per il Re Christianissimo nel concilio a Bologna... 1547. » — Fol. 17. « Discorso del sig^r Pietro Strozzi sopra la giornata di Toscana e la causa che si resolse a combattere. » — Fol. 27. « Instruttione data all' abbate di Manna, mandato in nome del Re Christianissimo a N. S. papa Pio Quarto de Medici per conto del Concilio, l'anno 1562. » — Fol. 37. « Ragioni della resolutione ultimamente fatta in Valtellina contro la tirannide di Grisoni et eretici, con accluso discorso (fol. 51 v°) diretto al Re Cattolico. » — Fol. 163. « Cause che dice il sig^r duca di Savoja che l'han mosso a dar Pinarola e suo castello e Valpelosa in poter de Francesi, e le conditioni con quali si sono impossessati. » — XVIIe s. (St Germ. Gèvr. 124).

1301. — 1° « Descrittione per instruttione de principi della maniera con laquale si governano li padri Gesuiti... 1624. » — 2° « Risposta alla descrittione contro padri Gesuiti. » — 3° « Monita secreta jesuitarum..... » (en latin). — XVIIIe s. (St Germ. fr. 1777).

1302. — « Conferenza con il sig^r Claudio, ministro de Charenton, sopra la materia della chiesa, per Giacomo Benigno Bossuet..., tradotta... dal sig^r Girolamo Bonagiunta. » — Pag. 213. « Riflessioni sopra un secreto scritto del sig^r Claudio. » — XVIIIe s. (St Germ. Gèvr. 175).

1303. — « Memorie della secunda legazione apostolica, spedita alla Cina,... scritte dal P. Sostegno Maria Viani, servita,... » (1720-1723), suivi de quelques lettres donnant de nouveaux détails. — Copie. 1735. (St Germ. lat. 1093^2).

De la bibliothèque de Dom VESSEL.

1306-1309. — Recueil de conclaves tenus à l'avènement des papes :

Vol. I. — Nicolas V, Calixte III, Pie II, Paul II, Sixte IV, Innocent VIII, Alexandre VI, Pie III, Jules II, Léon X, Adrien VI, Clément VII, Paul III, Jules III, Marcel II, Paul IV, Pie IV, Pie V, Grégoire XIII, Sixte-Quint, Urbain VII.

Vol. II. — Grégoire XIV.

Vol. III. — GrégoireXIV, Innocent IX, Clément VIII, Léon XI, Paul V, Grégoire XV, Urbain VIII, Innocent X.

Vol. IV. — Innocent X. — XVIIIe s. (St Germ. Gèvr. 105$^{1\text{-}4}$).

1310. — Conclaves tenus à l'avènement des papes : Léon X ; — (fol. 2) Adrien VI ; — (fol. 5) Clément VII ; — (fol. 9) Paul III ; — (fol. 10) Jules III ; — (fol. 22) Marcel II ; — (fol. 25) Paul IV ; — (fol. 29) Pie IV ; — (fol. 31) Pie V ; — (fol. 40) Grégoire XIII ; — (fol. 41) Sixte-Quint ; — (fol. 48) Urbain VII ; — (fol. 51) Grégoire XIV ; — (fol. 74) Innocent IX ; — (fol. 76) Clément VIII ; — (fol. 87) Léon XI ; — (fol. 102) Paul V ; — (fol. 109) Grégoire XV ; — (fol. 119) Urbain VIII. — XVIIe s. (St Germ. fr. 1473).

1311. — Conclaves tenus à l'avènement des papes : Pie V ; — (fol. 24) Grégoire XIII ; — (fol. 30) Sixte-Quint ; — (fol. 40) Urbain VII. — XVIIIe s. (St Germ. Rés. 131).

1312. — Conclave tenu à l'avènement du pape Léon XI. — xviiie s. (St Germ. fr. 1477).

1313. — Conclave tenu à l'avènement du pape Paul V. — xviie s. (St Germ. fr. 1476).

1314. — Deux relations du conclave tenu à l'avènement du pape Grégoire XIV. — xviie s. (St Germ. Gèvr. 110).

1315. — 1° Conclaves tenus à l'avènement des papes Innocent IX, Clément VIII, Léon XI, Paul V, Grégoire XV, Urbain VIII.— 2° « Conclave del sig^r card^l Rapaccioli. » —3° « Notomia de cardinali papabili. » — xviie s. (St Germ. Gèvr. 112).

1318. — « Dell' emergenze d'Europa, » (en quatre conférences), en 1675. — xviiie s. (St Germ. Gèvr. 102).

1319. — Deux lettres relatives à l'emprisonnement de don Carlos. — Fol. 7. « Viglietto del conte della Rocca, ambasciatore del Re Cattolico presso il ser^{mo} di Savoja... circa la precedenza tra Spagna e Francia. » — Fol. 11. « Informatione di quanto rendono al re di Spagna le bolle della cruciata... » — Fol. 25. « Viaggio del cardinal Alessandrino dal confine di Francia sino a Madrid... » — Fol. 41. « Diario in relazione del viaggio di Monsr Camillo Borghese... » en 1594. — Fol. 109. « Instruttione data a don Luigi Bravo dal suo antecessore D. Ildefonso della Cueva, marchese di Bedamar, per ben essercitar l'ambasciaria presso la republica di Venetia per la maestà catholica di Filippo III, re di Spagna. » — Fol. 131. « Copia del memorial », présenté par le marquis de Castel Rodrigo « a su Magestad Cesarea, » le 29 janvier 1642 (en espagnol). — Fol. 137. « Instruttione data dal conte d'Olivares al sig^r marchese de los Velez, destinato ambasciator Cattolico nella corte di Roma. »

— Fol. 161. « Instruttione al card¹ᵉ Montepulciano, legato di papa Paulo 3° all'imperatore Carlo Quinto per le cose della religione in Germania l'anno 1539. » — Fol. 181. « Mancamenti di ministri spagnoli durante l'indisposi- tione d'Urbano VIII. » — Fol. 237. « Discorso sopra la morte del Valstain. » — Fol. 259. « Causa e morte di Fridlant. » — Fol. 276. Cinq lettres datées de Madrid (12 mars-9 mai 1643). — xvii⁰ s. (Sᵗ Germ. Gèvr. 118).

1320. — « Diario del Antonio Pietro. » — xvii⁰ s. (Sᵗ Germ. Rés. 109).

1321. — « Diario d'alcune attioni più notabili nel pontificato di Paulo Quarto l'anno 1558... » — Fol. 53. « ... Raccolta di tutte le donationi... fatte al duca d'Urbino... » — Fol. 74. « Essame delle preeminenze reali pretese dalla republica di Genova nella corte ro- mana. » — Fol. 108. « Censura all' Essame... » — Fol. 153. « Si essamina la cagione dell' investitura delle Due Sicilie data in Napoli da Innocentio secondo... a Rug- giero Guiscardo... » — Fol. 249. « Præcepta ad filios Hieronymi Cardani » (en latin). — xviii⁰ s. (Sᵗ Germ. Gèvr. 106).

1322. — « Diario di diverse cose notabili successe nel mondo, l'ultimo anno del Pontificato di papa Paolo IV Carrafa... » 1558-1559. — Fol. 60. « Instrut- tione a monsignor di Terracina per l'ill^mo Caraffa, man- dato in Spagna dal sʳ duca di Palliano, suo fratello. » — Fol. 66. « Instruttione per monsigʳ vescovo di Terracina, mandato dal sigʳ card¹ Caraffa a Sua Santità. » — Fol. 82. « Instruttione data al cardinal Caraffa da Paolo IV... » — Fol. 109. « Instruttione al sigʳ D. Pietro, quando andò alla Corte Cattolica sopra le cose di Paliano. » — Fol. 131. « Discorso della causa del... card. Caraffa, estratto per il sig. dottore Scalaleone, napolitano, avvocato di detta causa. » — Fol. 165. « Relazione della morte del cardinale Caraffa del duca di Paliano.., » ecc. (1562). — Fol. 171. « Dialogo tra Gasparino e Lattanzio Barigelli sopra la morte del cardinale Caraffa... » — xviiᵉ s. (Sᵗ Germ. Gèvr. 108).

1323. — 1° « Diario del viaggio del cardinal Pietro Aldobrandino nell' andar legato apostolico a Firenze per il sponsalitio della regina di Francia e dopoi in Francia per la pace, descritto da monsigᵣ Agucchia... » — 2° Relazione mandata da monsignor nunzio di Venezia, della legazione del signor cardinale Pietro Aldobrandino in Francia. » — 3° Relazione della legazione del cardinale Aldobrandini per compor le differenze sopra il marchesato di Saluzzo... » — xviiiᵉ s. (Sᵗ Germ. Gèvr. 111).

1324. — « Relatione di tutti li stati, signori et prencipi d'Italia. » — Fol. 16. « Relatione delli prencipi d'Italia con molti belli particolari. » — Fol. 50. « Relatione della corte e governo di Roma, e de riti,... » ecc. — Fol. 153. « Entrate della Chiesa, con le provigioni che paga N. S. a cardinali,... » ecc. — Fol. 165. « Podestarie di tutto lo stato ecclesiastico... » — Fol. 169. « Tutte cancellarie dello stato ecclesiastico... » — Fol. 174. « Offitii della militia, cioè legationi, governi... dello stato ecclesiastico... » — Fol. 180. « Lista ultima et revista da inserirsi nelle bolle del camerlingato... 1623. » — Fol. 188. « Officii di Campidoglio e loro frutto. » — Fol. 190. « Dignità ecclesiastiche et officii di dataria... » — Fol. 195. « Officii di palazzo et di Roma. » — Fol. 201. « Relatione sopra lo stato di Savoja. » — Fol. 233. « Ragguaglio di tutte le fortezze, città et castelli che hanno li signori venetiani in Istria, Dalmatia et Levante... » — Fol. 263. « Sommario dell' ordine che si tiene alla corte di Spagna circa il governo delli stati del Re Cattolico di Monsig. Visconti, nuntio in Spagna, l'anno M D LXX IV. » — Fol. 272. « Relatione delle cose di Spagna, fatta dall' ecc^mo s^r Tomaso Contarini, ambasciadore della Signoria di Venetia. » — Fol. 340. « Discorso di Malta, » en deux parties. — Fol. 360. « Relatione della republica et signoria di Lucca et governo di essa. » — Fol. 370. « L'Italia per la pace a prencipi guerreggianti. » — Fol. 376. « Instruttione politica per negotiare con prencipi et di conoscere la natura loro... » — Fol. 456. « Ricordi generali per ogni prencipe et ogni altro privato che vogli con facilità governare ordinatamente se stesso... » — xviiie s. (St Germ. Harl. 270).

Reliure aux armes de HARLAY.

1328. — « Instruttione data al sig^r card^l Ginetti, legato de latere in Colonia per la pace universale. » — xviiie s. (St Germ. fr. 1419).

1329. — « Breve relatione delle difficoltà frapostesi nel radunare il Congresso in Colonia avanti l'emin^mo sig. cardinal Ginetti, legato de latere, l'anno 1637, 1638 et 1639. » — xviiie s. (St Germ. fr. 1418).

1330. — Même volume que le n° **1329**. — xviie s. (St Germ. fr. 1843).

1331. — « Relatione della corte di Roma et suo riti, governo et magistrati, con la loro distinta giurisdittione. » — xviie s. (St Germ. fr. 1463).

1333. — « Discorso sopra la corte di Roma. » — xviie s. (St Germ. fr. 1462).

1334. — Recueil de lettres d'Ubaldini, 1606-1616. — Cop. xviiie s. (St Germ. Gèvr. 154).

1335. — 1° Vies de nombreux cardinaux du xvii⁰ s., accompagnées de portraits coloriés rapportés. En tête la vie et le portrait d'Innocent X. — 2° « La giusta statera de purpurati. » — xvii⁰ s. (Sᵗ Germ. fr. 1852).

1337. — « Relatione dell' origine delli rumori e presa dello stato di Castro et altri luoghi della Casa Farnese, esistenti nello Stato della Chiesa. » — Fol. 8. « Relatione della venuta a Roma del Gran Duca di Toscana col principe Gio. Carlo, suo fratello,... 1628. » — Fol. 34. « Relatione de i disgusti passati fra il prencipe prefetto don Tadeo Barberino et l'ambasciatore Cadè Pesaro,... » — Fol. 70. « Relatione de successi particolari dell' incontro fatto dall' eccᵐᵒ prencipe D. Taddeo Barberino alla Maestà della regina d'Ungheria in Loreto... » — Fol. 104. « Origine delli disgusti tra il Serenissimo di Parma e signori Barberini, per i quali sono nati li presenti moti di guerra. » — Fol. 144. « Risposta... » — Fol. 202. Scrittura lasciata dal residente d'Inghilterra, epilogando i negotiati havuti con la Santità di N. S. papa Innocentio X°... » — (Les feuillets 259-319 sont en blanc). — Fol. 320. « Discorso se l'Amirante nella visita del sacro collegio dovrà visitare il cardinale d'Este, e gli cardinali Grimaldi e Valenzé... » — Fol. 335. « Censura sopra il discorso... » soppraddetto. — Fol. 347. « Risposta del signor Cardˡᵉ Grimaldi... » a lo stesso « discorso. » — Fol. 359. « Replica dell' Almirante alla Risposta... » — Fol. 373. Discorso sopra tutte le differenze seguite tra gli sigʳⁱ cardinale d'Este et Almirante di Castaglia... » — xviii⁰ s. (Sᵗ Germ. Gèvr. 117).

1338. — Histoire de Messine depuis 1611, signée P. P. M. — xvii⁰ s. (Sᵗ Germ. Gèvr. 120).

1339. — « Relatione in forma d'historia della pace

di Saluzzo e suoi negotiati precedenti, fatti dall' emin°
card. Pietro Aldobrandino. » — xviii° s. (S¹ Germ. Gèvr.
145).

1340. — « Capitulare mag°¹ et ciarissimi domini
Francisci de Garzonibus, consiliarii Venetiarum. » —
Vélin. 1517 (S¹ Germ. Harl. 449).

1342. — Nomination du podestat, comte de Brazza
par le doge de Venise, Pascal Cicogna, et instructions à
lui données (postérieurement au 25 septembre 1591). —
Vélin. xvi° s. (S¹ Germ. Harl. 451).

Reliure italienne très-ouvragée de la fin du xvi° siècle, avec
peintures à la main et armoiries du propriétaire.

1343. — Nomination, par le doge de Venise Léonard
Donato, de Nicolò Memo comme podestat et capitaine
d'Este. Les instructions qui accompagnent cette nomination sont à peu près les mêmes que celles qui figurent
dans le ms. n° **1342** ; elles vont cependant plus loin :
1ᵉʳ mai 1608 et 14 mars 1609. — xvii° s. (S¹ Germ. Harl.
448).

1346. — « Relatione di Ms. Bernardo Navagero,...
tornando di Roma ambasciatore a papa Pauolo Quarto,
l'anno 1558. » — Fol. 79. « Relatione dell' antica et nobile città di Ancona et suo porto. » — Fol. 93. « Relatione in forma di discorso delle cose del regno di Napoli,
nell' anno 1579 ; al sign°° Avisi Landi, secretario venetiano. » — Fol. 135. « Di don Ferrante Gonzaga, instruttione a voi, S°ʳ Pietro d'Agostino, della relatione
che havete a fare a Sua Maestà delle cose di Sicilia. »
— Fol. 161. « Relatione del clarissimo Ms. Marco
Foscari, ritornato ambasciatore della republica fiorentina. » — Fol. 215. « Relatione del clariss° Francesco
Molino, ritornato ambasciatore del sig°ʳ duca di Savoja

per la... republica di Venetia, l'anno M D LXX VI. » —
Fol. 259. « Relatione del ecc^{mo} sig^{or} don Filippo Pemes-
tan, imperiale ambasciatore della Maestà Ces^a al Gran
Principe di Moscoviá, l'anno 1579. » — Fol. 285. « Epistola Magni Moscovitæ ad serenissimum Rodulphum,
Romanorum imperatorem, de anno 1582 scripta. » —
xviie s. (St Germ. Harl. 276[1]).

1347. — « Instruttioni et lettere di Mons^{or} della Casa
a nome del Card[1] Carrafa, dove si contiene il principio
della rottura della guerra tra papa Paolo IV et l'imperator Carlo V l'anno 1555 et tutto il negotiato in Francia
per essa guerra fin a 4 d'aprile 1556. » — Fol. 140.
« Relatione del primo congresso fatto dalli deputati
dell' imperatore et re di Francia presso Calès per la
pace tra dette Maestà et delle principali domande et poi
della tregua che segui per cinque anni 1555. » — Fol.
150. « Capitoli della tregua per cinque anni tra l'Imperatore, re d'Inghilterra et il Re Christianissimo a. v. di
febraro 1556. » — Fol. 164. « Regis Francorum, » Hen-
rici II, « excusatio de induciis quinquennalibus » (en
latin). — Fol. 178. « Instructiones pro... cardinali Caraffa ad Philippum Hispaniarum regem, 1557 » (en latin). — Fol. 192. « Ricordi al Re Catholico nell' andata
del card[1] Carrafa a Sua Maestà. » — Fol 198. « Absolutio
pro Carolo Carrafa ab omnibus excessibus per eum
commissis... » — Fol. 204. « Lettere del cardinal Polo,
scritte a diversi personaggi quando fu legato in Inghilterra, 1555. » — xviie s. (St Germ. Harl. 276[2]).

1348. — « Relatione di Roma del clar^{mo} Bern^{do} Navagiero, ambasc^{re} veneto. » — Fol. 72. « Ufitii di Palazzo »
e « di Roma. » — Fol. 76. « Relatione di Roma, fatta
nel senato veneto dall' ambasciatore Rainiero Zeno, li
22 aprile 1623. » — Fol. 222. « Discorso sopra'l governo

delle città del Stato Ecclesiastico. » — Fol. 234. « Relatione sopra la città e stato di Ferrara. » — xvii⁰ s. (St Germ. lat. 1078²).

1350. — « Relatione dello stato, forze et governo della republica di Venetia al catholico re, Filippo di Spagna, 1565. » — Fol. 47. « Relatione del clariss⁰ Girolamo Lippomano, tornato ambasciator dal s^{or} duca di Savoja, l'anno 1574. » — Fol. 125. « Relatione del clariss⁰ Andrea Gussoni, ritornato ambasciatore dal ser^{mo} Gran Duca di Toscana per la ser^{ma} republica di Venetia l'anno 1578. » — Fol. 191. « Relatione dello stato et forze et governo del sig^{or} duca di Ferrara, fatta dall' ecc^{te} Emiliano Manolesso al ser^{mo} duge et signoria di Venetia, l'anno 1578. » — xvii⁰ s. (St Germ. Harl. 262¹).

1352. — Abrégé de la chronique de Viterbe de Nicolas « di Bartolomeo, » dit Nicolas della Tuccia. — xvii⁰ s. (St Germ. Rés. 108).

1353. — Description de Chypre par Ascanio Savorgnano, vénitien. — xvi⁰ s. (St Germ. fr. 1790).

1355. — « Relatione alla maesta del Re Cattolico di tutti li trattati seguiti durante l'indispositione di Sua Santità, l'anno 1637. » — Fol. 47. « Descrittione per instruttione de prencipi della maniera con laquale si governano li padri Gesuiti, fatta da persona religiosa... » — Fol. 74. « Monita secreta jesuitarum » (cop. d'imprimé latin), précédés d'un avis de l'imprimeur au lecteur. — Fol. 98. « Racconto dell' abiuratione e morte del sig^r Giacinto Centini, nipote del cardinal d'Ascoli et altri che volevano dar morte a N. S. papa Urbano VIII. » — Fol. 116. « Discorso in dialogo tra un spagnolo, francese e venetiano circa li rumori delle guerre passate d'Italia e rivolutioni della Francia. » — Fol. 196. « L'ambasciatore chimerico del sig^r cardinale Richeleù. » — Fol.

236. « Nuove instruttioni all' ambasciatore chimerico. »
— Fol. 260. « Discorso sopra li presenti motivi di guerra
e le difficoltà che potrebbono impedire il trattato della
pace. » — xvii⁰ s. (St Germ. fr. 1496).

1356. — « Relatione del clariss⁰ Michel Soriano, ritornato ambasciatore dal sereniss⁰ re catholico, Filippo
d'Austria, l'anno 1560. » — Fol. 90. « Relatione del
clariss⁰ Ms. Antonio Thiepolo, tornato ambasciatore dal
catholico re Filippo del 1567 a di x d'ottobre. » — Fol.
232. « Itinerario, overo descrittione di Portogallo et historia, di quello regno, 1577. » — Fol. 245 v⁰. « Historia
di Portogallo, raccolta in breve compendio. » — Fol.
272. « Avvertimenti per il governo di Sicilia di don Scipio di Castro, al sig^or Marc' Antonio Colonna, 1572. » —
Fol. 330. « Avvertimenti et ricordi al sig^r duca di Terranova, gover^or dello stato di Milano et capitan generale
per sua Maestà Catholica in Italia. » — xviie s. (St Germ.
Harl. 224).

1357. — « Ristretto d'alcuni particolari della vita di
Carlo V imperatore. » — Fol. 22. « Relazione di quanto
successe per il sacco dato dall' Imperiali alla città di
Roma. » — Fol. 132 *bis*. « Lettera di Carlo Quinto, im-
peradore, al cardinal Cibo, scritta l'anno 1527. » — Fol.
137. « Instruttione data da Clemente Settimo dopo il
sacco di Roma al cardinal Farnese... » — Fol. 204.
« Relatione del clariss^mo Ms. Nicolò Tiepolo, ritornato
amb^re dal convento di Nizza... » — xvii⁰ s. (St Germ.
Gèvr. 130).

1358. — 1⁰ « Vita del conte-duca d'Olivarès » (mêlé
d'espagnol). — 2⁰ « Discorso sopra la caduta de conte-
duca d'Olivarez, et altri avvertimenti socceduti nella
corte cattolica dopo la sua morte. » — 3⁰ Lettres de Madrid de 1643. — xvii⁰ s. (St Germ. Gèvr. 132).

1359. — « Parlamento di Carlo V, imperatore, al re Filippo, suo figliuolo, nella consegna del governo de suoi stati. » — xviiiᵉ s. (Sᵗ Germ. Gèvr. 158).

1360. — 1ᵒ « Relatione compendiaria delli stati et governi di Fiandra. » — 2ᵒ « Relatione del clarᵐᵒ sigᵣᵉ Girolamo Lipomani, ritornato ambasciatore dal sigᵣ don Giovanni d'Austria et del regno di Napoli, l'anno 1576. » — xviiᵉ s. (Sᵗ Germ. Gèvr. 157).

De la bibliothèque de B.-H. DE FOURCY.

1361. — « Quas regiones atque urbes donaverint ecclesie romanæ ac principibus Gallorum Francorumve reges aut principes » (en latin). — Fol. 35. « De officio primario Summi Pontificis, ad Clementem 8ᵐ » (en latin). — Fol. 49. Conclaves tenus à l'avènement des papes : Léon XI ; — (fol. 109) Paul V ; — (fol. 169) Clément VIII. — Fol. 193. « Relatione fatta dal clarissᵐᵒ sᵣ Thomasso Contarini nel ritorno della sua ambasciaria di Spagna, l'anno 1593. » — Fol. 255. « Relatione de Tartari, fatta in Roma l'anno 1596. » — Fol. 267. « Relatione del clarissimo Ms. Girolamo Lippomani nel ritorno di Polonia, fatta all' eccᵐᵒ senato venetiano, l'anno 1575. » — Fol. 357. « Capitoli stabiliti trà il re di Francia Henrigo IV et il presente Gran Turcho, l'anno 1604. » — Fol. 371. « La elettione del Sommo Pontefice... si fa in uno de quatro modi che seguono. » — Fol. 377. « Parere del Gran Cosmo de Medici, Gran Duca di Toscana, sopra la Corte di Roma. » — Fol. 383. « Relatione del Delfino, cavaliere et procuratore, ritornato ambasciatore da Roma, l'anno 1598. » — Fol. 459. « Relatione di Constantinopoli et delle cose Turchesche, fatta dal sigᵣ Maffeo Veniero, nell' anno 1582. » — xviiᵉ s. (Sᵗ Germ. fr. 1461).

1366. — Lo stratagema di Carlo Nono, re di Francia

contra i rebelli di Dio et suoi, l'anno 1572. » — xviii⁰ s.
(S* Germ. Harl. 325).

1368. — « Relatione del clarissimo Ms. Daniel Barbaro, ritornato ambascaitore dal regno d'Inghilterra... ».
1551. — Fol. 62. « Compendio de gli stati et governi di Fiandra del tempo del Re Filippo, l'anno 1578. » — Fol. 79. « Instruttione all' ill^mo sig^r Pietro Caetano nella sua andata alla guerra di Fiandra sotto il ser^mo di Parma... » — Fol. 102. « Particolar informatione alla regia sacra et cattolica Maestà. » — Fol. 139. « Raguaglio di tutte le fortezze, città et castelli che hanno li ss^ri venetiani in Istria, Dalmatia et levante... » — Fol. 172. « Quas regiones atque urbes donaverint ecclesiæ romanæ ac pontificibus, Gallorum Francorumve reges aut principes » (en latin). — Fol. 203 « Patrimonia sancti Petri vel principum donationes » (en latin). — Fol. 209. « Summarium eorum quæ cardinalis Baronius de monarchia sicula scripsit annalium suorum tomo undecimo... » (en latin). — Fol. 226. « Cesaris card^lis Baronii apologia seu defensio eorum quæ de monarchia Siciliæ scripserat » (en latin). — Fol. 274. « Modus et forma servanda in coronatione regis et imperatoris » (en latin). — Fol. 277. « Discorsi sopra Cornelio Tacito nel primo libro... » (en latin). — Fol. 289. « Ordini necessarii al regimento di una armata in ogni tempo... » — Fol. 305. « Ricordi per il bisogno dell' armata passandosi verso levante. » — Fol. 307. Lettre au roi d'Espagne, juin 1605 (en latin). — Fol. 313. « De amutinatis, amutinandi modis, amutinatorum politia, regimine et legibus » (en latin). — xvii⁰ siècle (S* Germ. fr. 1442).

1369. — « Sommario della forma et modo di negotiare con li signori Suizzeri et della forma che servano li signori Grisoni nel regimento loro, et governo, et modo di negotiare con essi. » — xvii⁰ s. (S* Germ. fr. 1431).

1372. — « Relatione dell' Imperio Ottomano dell' ill^mo et eccell^mo sig^r Chistoforo Valerio, bailo in Constantinopoli per la serenissima republica di Venetia. » — xviiie s. (St Germ. Gèvr. 134).

De la bibliothèque de B.-H. DE FOURCY.

1373. — « Il politico perfetto », en 149 articles. — xviiie s. (St Germ. fr. 1783).

1374. — 1° « Ricordi per ministri de principi che negotiano appresso altri principi... » — 2° « Della natura et qualità de gli Inglesi et loro costumi... » — xviie s. (St Germ. fr. 1407).

1375. — « Concetti politici degni di consideratione, » même ouvrage sous un autre titre que le n° **1373**. — xviii° s. (St Germ. fr. 1325).

1377. — « Della utilitate che si traggono della mechanica et de suoi instrumenti, trattato del signor Galileo Galilei, florentino. » — Copie 1627 (St Germ. fr. 1897).

1379. — « Jeu d'eschets de Mr Talon, medecin. » — 1560 (St Germ. Rés. 44).

1381. — Recueil d'expressions italiennes à l'usage d'un Français (incomplet). — xviie s. (St Germ. fr. 2008). 1897).

1385. « Proteus », petit poème en distiques latins. — Fol. 5. Poème en octaves en l'honneur de l'Italie. — xviiie s. (St Germ. Gèvr. 136).

De la bibliothèque de B.-H. DE FOURCY.

1386. « Partenope liberata, » 1re partie par le d^r Gioseppe Donzelli, napolitano. — Copie d'imprimé. 1647. (St Germ. Gèvr. 119).

1390. — « Trionfi di Napoleone I, imperatore de'

Francesi e re d'Italia, ossia la guerra e la pace del 1805, terzine dell' avvocato Gaetano Chiassi,... » — XIXe s. (nouv. acq.).

Sur papier jaune.

1391. — « *L'Orlando furioso, il Cublai et li Dormienti,* » drames de l'abbé Casti. — 1794 (nouv. acq.)

1392. — « La serenissima signora veneta, con sposalicii e carighe. » — 1673 (nouv. acq.).

1393. — « Catalogo della biblioteca Cassano. » — XVIIIe s. (nouv. acq.).

1394.-1403 — Collection de dix volumes, contenant les armoiries coloriées des villes et des pays d'Italie et des familles y appartenant : Vol. I. — Rome, Bologne, Orvieto, Pérouse, etc.

Vol. II et III. — Fano, Imola, Osmo, Faenza, Forli, Ravenne, Rimini, Todi, Gubbio, Bertinoro, Fuligni, Cesena, Fermo, Ferrare, Modène.

Vol. IV et V. — Florence.

Vol. VI. — Sienne, Lucques, Pise, Pistoia, Borgo, San Sepolcro.

Vol. VII et VIII. — Venise, Padoue, Vérone, Bergame, Feltre, Frioul, Messine, Trapani, Catane, Naples, Amalfi, Averse, Bénévent, Capoue, Gaete, Nole, Ravello, Scala, Sorente, Milan.

Vol. IX et X. — Piémont, Albe, Ast, Bielle, Coni, Fossano, Turce, Moncalier, Mondovi, Quiers, Nice, Pignerol, Saluces, Savillano, Turin, Verceil, Gênes. — XVIIe s. (Gaign. 1362, 1365[1-2], 1366[1-2], 1367, 1368[1-2], 1369[1 2]).

1404. — Priorista de Florence (armoiries coloriées). — XVIIe s. (Gaign 1359).

1405. — Lettres de Costanza Frigosa (1559). — Fol.

14. Copie d'autres lettres ayant un caractère religieux, écrites par une femme (xvıᵉ s.). — Fol. 40. Lettre du 22 décembre 1636, signée Arabio. — Fol. 42. Lettre en français adressée « a un ami presumptueux, qui mourra dans un jour ou deux. » — xvıᵉ et xvııᵉ s. (Gaign. 992).

1407. — Relation au Sénat de Venise de l'ambassade de chevalier Querini à Madrid (1622). — xvııᵉ s. (Gaign. 697).

1408. — Recueil factice de Gaignières, comprenant : 1º Diverses copies françaises, relatives au cérémonial. — 2º « Discorso di precedenza trà Francia et Spagna. » — 3º « Different qui en l'an 1434 survint au concille de Basle pour la preseance entre les ducs de Bourgogne et de Bretagne, » (en français). — xvııᵉ s. (Gaign. 546).

1409. — « Discorso politico historico circa la conquista del regno di Napoli et il modo di remediarvi... » — Fol. 13. Armes des familles du royaume de Naples, rangées par ville. — xvıᵉ et xvııᵉ s. (Gaign. 691).

1410-1411. — Ouvrage en deux volumes, comprenant, sous le titre de « Chronica di Venetia » : 1º une histoire de Venise jusqu'au milieu du xvᵉ siècle ; 2º (2ᵐᵉ vol.) un recueil de documents relatifs à la ville et à l'état de Venise. — xvııᵉ s. (Gaign. 692¹⁻²).

1412. — « Epilogo della Historia universale distintamente raccolto da Urbano Gransbarra, parte prima con qualche fine della quarta et ultima parte, cioè *il Ponteficato* (fol. 130) e *la Republica di Venetia* (fol. 201)... » — xvııᵉ s. (Gaign. 97).

1413. — Histoire de Florence de Benedetto Varchi. — xvııᵉ s. (Gaign. 699).

1414. — « Excerpta ex libris mss. anonymi de electionibus Pontificum romanorum a S. Petro usque ad Pium

V » (en latin). — Fol. 19. « Anonymi altarius historia electionum Summorum Pontificum... cum historia electionis Bonifacii VIII (1294). » (en latin). — Fol. 107. « Suaresii (Josephi Mariæ)... historia electionis Joannis XXII (1316) », (en latin). — Fol. 109. « Historia electionis Callixti III » (1451) » et « Pii II (1458) », (en latin). — Fol. 117. « Conclave nel quale fu creato papa Pio III » (1503). — Fol. 120... Giulio II (1503). — Fol. 122... Leone X (1513). — Fol. 124... Adriano VI (1522). — Fol. 126.... Clemente VII (1523).—Fol. 131... Paolo III (1534). — Fol. 133... Giulio III (1549). — Fol. 138 « Historia altera ejusdem electionis, » (en latin). — Fol. 146. « Conclave nel quale fu creato » Marcello II (1555). — Fol. 150. « Altro della medesima elettione. » — Fol. 153. « Conclave nel quale fu creato » Paolo IV (1555). — Fol. 156... Pio IV (1559).— Fol. 159... Pio V (1556). — Fol. 159 v°... Gregorio XIII (1572).— Fol. 151... Sisto V (1585). —Fol. 164 v°... Urbano VII (1590). — Fol. 170... Gregorio XIV (1590). — Fol. 188 v°. « Maretti (Lelio) altra relatione dell' istesso conclave. » — Fol. 264 v°. « Conclave nel quale fu creato » Innocentio IX (1591).— Fol. 267 v°... Clemente VIII (1592). — Fol. 278 v°. « Altra relatione dell' istesso conclave. » — Fol. 283 v°. » Altra relatione dell' istesso conclave. » — Fol. 288 v° « Conclave nel quale fu creato » Leone XI (1605).— Fol. 301 v°... Paolo V (1605). — Fol. 311. « Altra relatione dell' istesso conclave. » — Fol. 322. « Conclave nel quale fu creato » Gregorio XV (1621). — Fol. 327. « Altro, detto *il Vero*, del medesimo Pontefice. » — Fol. 338 v°. « Scrittura intorno all' ellettione del medesimo Pontefice. » — Fol. 347. » Conclave nel quale fu creato » Urbano VIII (1623). — Fol. 373. « Discorso sopra il futuro conclave fatto mente il papa Urbano VIII stava in pericolo della vita » (1644). — Fol. 386 v°. « Conclave nel quale fu creato « Innocentio X (1644). — Fol. 406 v°. « Bichi (Alessandro)... altra rela-

tione dell' istesso conclave. » — Fol. 421 v°. « Rapaccioli
(Francesco)... altra relatione dell' istesso conclave. » —
Fol. 454. « Conclave nel quale fu creato » Alessandro
VII (1655). — 1721 (Bouhier 32).

Aux armes de BOUHIER qui a fait la copie de ce ms.

1415. — « Divers traictez sur l'eslection des papes »,
(en français et en latin). — Fol. 50. « Lettre du cardinal
Ludovisio au cardinal Borromeo touchant la bulle de
l'eslection du pape, 1621. » — Fol. 56. Cérémonial du
couronnement de Grégoire XIV (en français). — Fol. 70.
« De l'eslection du pape Léon XI » (en français). —
Fol. 74. « De l'eslection du pape Paul V, 1605 » (en
français). — Fol. 77. « Relatione del conclave nel quale
fu assonto al pontificato papa Urbano VIII. » — Fol. 90.
Autre relation du même conclave. — Fol. 101. « Divers
ceremoniaux de la cour de Rome » (en français). —
Fol. 174. « Relatione della corte di Roma... » par Girolamo Limadoro... — Fol. 234. « Instructions des cour-
tisans... » — Fol. 251. « Instructions baillées au marquis de Cœuvres... — Fol. 261. « Cérémonie qui s'observe
lorsque le roy donne le bonnet a un cardinal. » —xviie s.
(Gaign. 112).

1416-1417. — Vol. I, 1re partie. — Conclaves tenus
aux avènements des papes : Nicolas V (fol. 2) ; — Calixte III (fol. 18) ; — Pie II (fol. 26) ; — Jules II (fol 48) ;
— Adrien VI (fol. 70) ;— Clément VII (fol. 80) ; — Jules
III (fol. 109) ; — Marcel II (fol. 141) ; — Paul IV (fol.
153) ;— Grégoire XIII (fol. 170) ;— Urbain VII (fol. 182).
— Fol. 202. « Discours sur le futur conclave faict pendant la guerre d'Italie contre Sa Saincteté Urbain VIII, »
(en français). — Fol. 209. « Abbregé du Conclave de
1691. » — (Gaign. 109[1]).

Vol. I, 2me partie. — Conclaves tenus aux avénements
des papes : Innocent IX (fol. 212) ; — Clément VIII (fol.

222); — Léon XI (fol. 264) ; — Paul V (fol. 324) ; — Grégoire XIII (fol. 362) ; — Urbain VIII (fol. 398). — (Gaign. 109²).

Vol. II, 1re partie. — « Conclave... dove fù eletto Innocenzo X°. » — Fol. 133. « Fol. Cose che giustamente può domandare la Sede Apostalica al Re di Spagna... » — Fol. 149. « Vera relatione di quanto si è passato nella creatione della Santità di papa Innocentio X°... » — Fol. 165. « Lettera scritta... a papa Pio Quinto, accio che gli Hebrei e meretrici non si scaccino da Roma... » — Fol. 183 « Discorso sopra il decreto di Parigi, circa le speditioni di Roma. » — (Gaign. 109³).

Vol. II, 2me partie. — Conclaves tenus aux avènements des papes : Innocent IX (fol. 198) ; — Clément VIII (fol. 210) ; — Léon XI (fol. 242) ; — Paul V (fol. 289) ; — Grégoire XV (fol. 319) ; — Urbain VIII (fol. 347). — (Gaign. 109⁴). XVIIe s.

1418. — « Voto del... cardinale Tabroni in congiuntura della promozione del cardinal Coscia... 1725, » (en latin). — Fol. 5. « Relazione del conclave per la morte di Clemente Undecimo, 1721, » (avec une gravure). — Fol. 37. Conclave tenu à l'avènement de Benoit XIII (avec une gravure). — Fol. 108. Portrait gravé de Benoit XIII. — Fol. 109. Pièces concernant l'abbé Lorenzo Pio Bonsi. — Fol. 116. Portrait gravé du cardinal François, évêque d'Ostie. — Fol. 120. Portrait gravé du cardinal Antonio Banchieri. — XVIIIe s. (transm. des Imprimés).

1419. — Conclaves tenus aux avènements des papes Paul V (fol. 1) et Grégoire XV (fol. 48). — Fol. 84. « Relatione di Roma, fatta nel senato veneto » (1623) da Raniero Zeno. — XVIe s. (N. Dame 151).

1421. — Déclaration de Jean Bottari sur la falsification de la bulle *Unigenitus* (avec traduction française). — 1761 (Orat. 210).

1422. — Cinq livres d'histoire de Marin Sanuto, patricien de Venise. — Fol. 281. « Discorso con che auttorità possa intromettersi il papa nell' elettione del re di Francia. » — Fol. 289. « Discorso sopra la pace fatta dai signori venetiani col Turco, del clar^mo sig^r Paolo Parutai. » — Fol. 337. « Discorso come l'Imperio dipenda dai papi. » — Fol. 343. « Risposta al discorso intorno l'attioni e dissegni del catholico re di spagna. » — Fol. 385. « Brave discorso et relatione dell' arsenale della ser^ma republica di Venetia. » — xviie s. (Gaign. 688).

1423. — Dépêche d'un ambassadeur vénitien près du roi d'Espagne. — Fol. 19. « Lettre de Piali Bassa (trad. italienne). — Fol. 21. Lettre du sultan (trad. italienne). — Fol. 22. Lettre du prince Sélim, fils du sultan au roi de France Charles IX, 4 janvier 1565 (trad. italienne). — Fol. 26. Lettre du roi de France au sultan sur la venue de ses ambassadeurs (en français). — xvie s. (Orat. 200²).

1424-1425. — Vol. I. — « Relatione dell' ambasceria di Ferdinando, re di Romani…» — Fol. 39. « Relatione di Vicenzo Alessandri… stato in Persia… » — Fol. 63. « Relatione dell' ambasceria dell' imperatore Massimiliano et regni di Spagna. » — Fol. 131. « Relatione del cl^mo s^r Sigismondo Cavalli stato ambasciatore al duca di Savoya. » — Fol. 167. « Relatione del cl^mo s^r Bernardo Navajero, tornato d'ambasciatore di Carlo v imperatore. » — Fol. 205. « Relatione del cl^mo s^r Bernardo Navajer, stato ambasciator a Roma al Pontefice. » — Fol. 245. « Ragioni per li signori venetiani d'haver falto pace con sultan Selim. » — Fol. 267. « Relatione del regno di Cipro, fatta per Ascanio Savorgnano, »

Vol. II. — « Relatione del regno di Polonia del cl^mo Giolamo Lipomani... » — Fol. 41. » Relatione del cl^mo Giovanni Michel..., ambasciator in Francia... » — Fol. 79. « Relatione del cl^mo s^r Michel Suriano, tornato d'ambasciatore del Re Cattolico... » — Fol. 103. « Relatione del cl^mo s^r Marino Cavalli, stato ambasciatore all' Imperatore Carlo Quinto. » — Fol. 125. « Relatione della Francia del cl^mo s^r Marin Cavalli... » — Fol. 167. « Relatione del cl^mo s^r Bernardo Navajer, stato bailo a Costantinopoli... » — Fol. 215. Notes de voyage sur Venise. — Fol. 223. « Relatione dell' ambasceria d'Inghilterra del cl^mo Daniel Barbaro. » — Fol. 241. « Le capitolationi al re di Francia, tradotte di turco in italiano da Jaschas, dragomano... » — Fol. 253. « Relatione del cl^mo Ms. Bernardo Navagero, tornato baylo da Costantinopoli » (1553). — Fol. 297 « Relatione del cl^mo Ms. Bernardo Navagero, tornato dall' ambasceria di Roma. » — Fol. 327. « Relatione de Ms. Vicenzo d'Alessandi, mandato... al Soffi... » — Fol. 341. « Relatione del cl^mo s^r Jacomo Foscarini, stato capitano generale de mar... » (1572). — Fol. 355. « Relatione del cl^mo s^r Hieronimo Lippomani, stato ambasciator al re Henrico di Polonia » (1575). — Fol. 399. Les villes de Romagne et le S. Siège. — XVIe et XVIIe s. (Gaign. 696^{1-3}).

1427. — « Ordo romanæ historiæ legendæ a P^o Ang^o Bart^o, » (en latin). — Fol. 9. Relation de l'ambassade de Giovanni Correr en France. — Fol. 39. « Instruttione per negotii nella corte di Spagna al sig^r Lodovico Orsino, mandato a S. M^{ta} Catholica dal sig^r duca di Bracciano. » — Fol. 49. Relation d'un ambassadeur vénitien à Florence. — Fol. 66. « Relatione fatta da Bernardo Navagero, tornato della legatione di Paulo 4°, l'anno 1558. » — Fol. 102. « Relatione di Mantova. » — Fol. 110. « Instruttione per Spagna a Mons^or Prospero

Sta Croce », (1560). — Fol. 116. « ¡Instruttione di Sua Santità per il signor nuntio di Portogallo Ms. Girolamo Capo di Ferro... » — Fol. 128. « Relatione di Portogallo..., fatta in tempo del re Sebastiano primo. » — Fol. 140. « Instruttioni date a Monsr Carlo Visconte, mandato da papa Pio Quarto al Re Catholico per le cose del concilio di Trento, l'anno 1563. » — Fol. 156. « Relatione del cl^{mo} Ms. Michel Soriano, ritornato ambasciatore dal... re di Spagna... 1560. » — Fol. 214. « Relatione del cl^{mo} Hieronimo Lippomani, tornato da Napoli... » — Fol. 250. « Relatione dell' ecc^{mo} s^r Emilio Manolesso, D^r et K^r, ritornato da Ferrara, l'anno 1575. » — Fol. 266. « Consigli di Spagna. » — Fol. 272. Dépenses annuelles de la maison du roi et de la reine d'Espagne..... (en castillan). — Fol. 276. Ministres et officiers royaux du roi d'Espagne (en castillan). — Fol. 291. Liste des grands d'Espagne et des seigneurs, avec leurs revenus (en castillan). — Fol. 305. Revenus du roi d'Espagne en 1577 (en castillan). — Fol. 317. Royaumes du roi d'Espagne (en castillan). — Fol. 323. « Exemplum feudalis concessionis civitatis et dominii Senarum cum quibusdam pactis capitulis et conditionibus initis inter Hispaniarum regem, Philippum II et Florentie ducem Cosmum I (en latin). — xvie et xviie s. (Gaign. 689).

1430. — Nombreuses pièces diplomatiques et autres : instructions, discours, relations, précédées d'une table incomplète. — xviie s. (Barnab. 6).

1431. — 1° Pièces latines et italiennes, relatives à l'évangélisation de la Chine (1677-1686). — 2° Relation du cardinal de Tournon. — 3° « Giornale della legatione di Monsr Carlo Mezzabarba, patriarca d'Alessandria in Cina » (1720). — 4° Mandement en latin de Monsr Mezzabarba. — 5° Abrégé latin de la légation précédente (n°3). — 6° « Relazione della prigionia del sig^{re} Teodorico

Padrini, della Congregazione della missione... nella Cina. » — 7º Nouvelles pièces françaises, latines et italiennes, relatives aux jésuites et à leur propagande en Chine. — xviiie s. (Orat. 28).

1437-1438. — Ier vol. — « Relatione della república di Venetia, fatta dal marchese di Bedmar, ambre catto presso la serma republica di Venetia, » (1629).

IIe vol. — 1º Même relation que celle du vol. précédent. — 2º « Relatione de cardinali. » — 3º « Congiura Vaccheria contro la nobiltà di Genua l'anno 1627. » — 4º « Relatione delle cose di Venetia fatta da don Alfonso della Cueva, ambre di Spagna... » — xviie s. (Gaign. 703¹ et 703²⁻³).

1439. — Apologie des Français, « opera che risponde all' imposture prodotte l'anno 1652 et altre in diversi tempi, che tutte vengono distrutte. » — xviie s. (Gaign. 690).

1441. — 1º Copies de lettres de 1495 (italiennes et autres), relatives aux affaires d'Italie. — 2º Défense du duc d'Anjou (en latin). — xviie s. (Gaign. 385).

1442-1444. — Lettres originales (italiennes, espagnoles, etc.) et autres pièces de la seconde moitié du xvie siècle. — (Gaign. 480-482).

1445-1446. — Recueil de lettres du cardinal Gualterio (1712-1716). — (Nouv. acq.).

1447. — Conclaves tenus aux avènements des papes : Calixte III ; — Pie II (fol. 9) ; — Sixte IV (fol. 31) ; — Jules III (fol. 35) ; — Paul IV (fol. 51) ; — Grégoire XIII (fol. 67) ; — Sixte V (fol. 77). — xviiie s. (nouv. acq.).

1448. — « Conclave di Gregorio XIIII, del Marretti.» — xviiie s. (nouv. acq.).

1449. — Conclave tenu à l'avènement de Grégoire XIV. — Fol. 86. Même conclave. — xviiie s. (nouv. acq.).

1450. — Conclave tenu à l'avènement des papes : Urbain VII ; — Léon XI (fol. 33). — Fol. 115. « Urbani VIII oratio » (en latin). — Fol. 129. Conclave d'Innocent X (15 septembre 1644). — Fol. 162. « Compendio della vita del cardinal Morone. » — xviiie s. (nouv. acq.).

1451-1453. — « Compendium litterarum et decretorum sac. cong.... cardinalium super negotiis et consultationibus episcoporum et regularium prepositorum » de 1573 à 1656, « editorum ex ipsis originalibus registris integra fide compilatum, in tres partes, prima episcoporum, secunda regularium vivorum, tertia monialium distinctum et ordine alphabetico topicoque digestum a fratre Hieronymo [Nicolio], romano, ord. eremit. S. Augustini... » — xviie s. (Miss. étrang. 212[1-3]).

1455. — « Consiglio al Re Cristianissimo per la convocatione d'un Concilio universale. » — xviie s. (Gaign. 45[2]).

1456. — « Instruttione all' ambasciatore di Spagna, che va alla Corte di Roma. » — xviie s. (Gaign. 1380).

1457. — « Il principe educato » par le chevalier Ciro Spontone. — xvii[e] s. (Gaign. 62).

1458. — « Liber de optimo imperatore. ». — xvi[e] s. (Gaign. 63).

1461. — « Relatione di Germania del cl[mo] messer Michel Suriano... (1557) ». — Fol. 48. « Exemplum litterarum Sinan Bassæ, rei maritimæ præfecti ad Turcarum imperatorem... » — Fol. 52. « Sommario delle rechieste fatte dagli ambasciatori della republica di

Genova al Re Cattholico per le discordie di cittadini »
(1575). — Fol. 58. « Instruttione data da Paulo papa
terzo al cardinal Montepulciano, destinato all' imperatore Carlo Quinto, sopra le cose dalla relligione in Germania l'anno del 1539. » — Fol. 64. « Discorso delle
cose del regno de Napoli, fatto alla republica di Venetia. »
— Fol. 84. « Relatione del re di Persia... nella quale...
si racconta... la guerra che egli hebbe col Gran Turco,
l'anno 1553... » — Fol. 117. « Relatione di Francia referita dal clar^mo signor Giovan Corraro, ritornato ambasciatore... » (1531). — Fol. 153. « Relatione di Fiorenza et Siena del mag^co Ms. Vincenzo Fedele... »
(1561). — Fol. 196. « Relatione del clariss° Ms. Gio. Michele, tornato ambasciatore dalla ser^ma regiua Maria
d'Inghilterra e dal catt^co Filippo d'Austria, re di Spagna,
suo marito, l'anno 1557. » — Fol. 227. « Relatione delli
stati del ser^mo re Filippo, riferita dal cl^mo Ms. Michele
Soriano, ritornato ambasciatore, l'anno 1559. — xvii° s.
(Gaign. 2780).

1463. — Conclave d'Alexandre VII (1655). — xvii° s.
(Gaign. 2743).

1464. — 1° Conclave d'Urbain VIII (1590). — 2° Conclave de Grégoire XIV (1591). — 3° « Nota dell' uffici
che la Sta di Nostro Signore distribuisce a Roma... » —
xvii° s. (Gaign. 108).

1466. — « Discorso della nobillissima fameglia Las-
caris, » par le père jésuite Astria. — xviii° s. (Gaign. 940).

1467. — Recueil de généalogies, en italien : les Sforza, ducs de Milan ; la famille Sforza (pag. 11) ; les Man-
fredi, seigneurs de Faenza et d'Imola (pag. 13) ; les Pie,
comtes de Carpi (pag. 19) ; les Médicis, ducs de Florence
(pag. 25) ; les Farnese (pag. 27) ; les comtes de Monte-
feltro, seigneurs d'Urbino (pag. 33) ; les seigneurs de

Pesaro (pag. 41) ; les Fregosi, gentilshommes gênois (pag. 45) ; les Doria, gentilshommes gênois (pag. 57) ; les Gambari, gentilshommes de Brescia (pag. 61) ; les doges de Gènes (pag. 65) ; les Adorni, gentilshommes gênois (pag. 83) ; les Apiani, seigneurs de Pise et de Piombino (pag. 89) ; les Gatti, seigneurs de Viterbe (pag. 93) ; les Guy, comtes de Bagno et de Grazuolo (pag. 101) ; les Colonna (pag. 109) ; les Alidovi, seigneurs d'Imola (pag. 113) ; les Ordelaffi, seigneurs de Forli (pag. 119) ; les Carretti, seigneurs de Finario (pag. 125) ; les Cavalcador, gentilshommes et tyrans de Crémone (pag. 129) ; les Vitelli de Città di Castello (pag. 133) ; les Pic de la Mirandole (pag. 137) ; les Malatesta, seigneurs de Rimini (pag. 151) ; les Scaliger de Vérone (pag. 155) ; les marquis de Ferrare (pag. 161) ; les Bonacorsi, seigneurs de Mantoue (pag. 173) ; les Gonzague, seigneurs et ducs de Mantoue (pag. 177) ; les Baglioni, tyrans de Pérouse (pag. 183) ; les Paléologue, marquis de Montferrat (pag. 187) ; les Varani, seigneurs de Camerino (pag. 195) ; les seigneurs de la Rovere, ducs d'Urbino (pag. 199) ; les Rossi, gentilshommes de Parme (pag. 205) ; les Pallavicini, gentilshommes de Parme et seigneurs de Crémone (pag. 207) ; les seigneurs de Santo Severino (pag. 211) ; les ducs de Milan (pag. 213, en français). — xvie s. (Gaign. 982).

1468. — Histoire de la famille Catani de Diacceto, par Francesco Foresti, suivie des armoiries coloriées des familles parentes et alliées : Diaccetto-Doni, Acquaviva, Ricasoli, Peruzzi, Barbadori, Rucellai, Albizzi, Alamanni, Sinori, Bardi, Pazzi, Salviati-Martelli, Pecori, Martini, Capponi, Accaiuoli, Guicciardini, Vettori, Manetti, Berardi, Varatesi-Spinelli, Antinori, Rossi, Benvenuti, Nobili, Corsini, Diacceto (5 planches), Buonsigniori, Fagni, Filicaja, Strozzi, Dazzi, Sostegni, Capponi,

Ricasoli-Baroni, Gaddi, Rucellai, Carducci, Magalotti, Canigiani, Pandolfini, Acciaiuoli, Lenzi, Ricci, Daver-razzano, Macinghi, Altoviti, Centellini, Lenzoni. — xviie s. (Gaign. 983).

1470. — La divine comédie de Dante. — xve s. (Navarre 42).

Exemplaire ayant appartenu à JEAN DE BOURBON, comte de Clermont.

1473. — Poésies satiriques relatives à l'élection du pape, successeur de Clément X (1676). — xviie s. (Gaign. 1007).

1475. — « Le Tenebre illuminate, » parallèle des nations française et espagnole, dédié à Mazarin. — xviie s. (Gaign. 757).

1477. — Catalogue des monnaies, médailles, camées, etc., du musée de Florence, par le P. Brotier. — xviiie s. (Brotier 13).

1479. — 1° « Libro secondo della Prospettiva di Vitellione, » (avec figures). — 2° « Vitellione nel capo primo del quinto libro della Prospettiva. » — 3° Propositioni di Vitellione nel settimo libro suo della Prospettiva. » — 4° « La Sfera di Theodosio, » (livres I et II). — 5° Suite de l'ouvrage de Vitellione. — xviie s. (Orat. 128).

1481. — « Fr. Fodorici de Venetiis litteralis expositio in Apocalipsim. » — 1464 (Sorb. 273).
Aux armes du cardinal de RICHELIEU.

1482. — Abrégé du procès de canonisation de S. Charles Borromée (avec table placée en tête). — xviie s. (Sorb. 1172).

1483. — « L'importanza della salute, » traduction italienne, faite par Geronimo Andreazzi, de l'ouvrage du jésuite français, le R. P. Rapin. — 1678 (Gaign. 32).
Corrections de la main du traducteur.

1484. — Recueil de sermons. — xvII^e s. (Gaign. 36).

1485. — « Panegirico di sacri affetti al divinissimo sacramento dell' Altare. » — xvIII^e s. (Gaign. 40).

1487. — 1° Copié de pièces authentiques (latines et françaises), relatives à la communauté des Blancs-Manteaux de Paris (du xIII^e au xvI^e siècle). — 2° Conclaves de l'élection des papes Urbain VII, Grégoire XIV, Innocent IX, Clément VIII, Léon XI, Paul V. — 3° « Pratica del tribunale del S. Offizio. » — 4° « Secreta sacræ congregationis Rituum, » 1605-1615 (en latin). — xvI^e et xvII^e s. (Miss. étrang. 327).

1486. — Conclave de l'élection des papes : Urbain VI (fol. 1), Eugène IV (fol. 7), Pie II (fol. 11), Jules II (fol. 17), Léon X (fol. 24), Adrien VI (fol. 26), Paul III (fol. 32), Jules III (fol. 34, v°, en latin), Marcel II (fol. 51), Paul IV (fol. 55), Pie V (fol. 64), Grégoire XIII (fol. 73), Sixte-Quint (fol. 77), Urbain VII (fol. 87), Grégoire XIV (fol. 95), Innocent IX (fol. 127), Clément VIII (fol. 133), Léon XI (fol. 146 et 154). — Fol. 171. « Discorso sopra il futuro successore di Leone XI. » — Conclaves de l'élection des papes : Paul V (fol. 174), Grégoire XV (fol. 182). — Fol. 194. Discorsi « sopra li cardinali dopo la morte di Paolo V » e « di Gregorio XV. » — Conclaves de l'élection du pape Urbain VIII (fol. 198 et 206). — Fol. 216. « Sommaria relatione del conclave.... dove fù criato papa Clemente Ottavo. » — xvI^e et xvII^e s. (Miss. étrang. 346).

1490. — Pièces satiriques et autres (latines et italiennes), faites à l'occasion du conclave de l'élection du pape Innocent X. — xvII^e s. (Gaign. 107).

1491. — Instructions données au cardinal Ginnetti légat *a latere*, pour le congrès de Cologne. — xvIII^e s. (Gaign. 499).

1493. — 1° « Relatione della Corte et governo di Roma...» — 2° Revenus et dépenses du saint siège en 1623. — 3° Conclave de l'élection de Grégoire XV. — 4° Conclave de l'élection d'Urbain VIII. — 5° État des possessions vénitiennes en Istrie, Dalmatie et dans le Levant. — XVIIIe s. (Petits Pères 13).

1494. — « Relatione del s^r Geronimo Lipomano, ritornato ambasciatore di Polonia, l'anno 1574. » — Pag. 49. « Entrata d'Enrico III in Venetia, della casa di Valois... 1574. » — Pag. 59. « Relatione dell' Illmo et ecc^{mo} sig^r Zorzi Zorzi, cavallier, ritornato dall' ambascieria staordinaria di Polonia, li 5 ottobre 1638. » — Pag. 77. « Raguaglio di battaglia seguita trà Polacchi per una parte, Tartari e Cosachi per l'altra, li 29 giugno 1651. » — Pag. 79. « Relatione dell' origine e costumi di Cosachi fatta l'anno 1656.» — Pag. 86. « Manifesto delle raggioni che ha la republica ser^{ma} con li archiduchi nelle controversie che hora vertono per cagione delli Vuscochi. » — Pag. 95. « Riposta in difesa delle ragioni del ser^{mo} archiduca Ferdinando contro il manifesto publicato per la republica di Venetia per occasione della presente guerra del anno 1617. » — Pag. 102. « Copia di lettera scritta dal duca d'Ossuna, vicere di Napoli a Mehemet III, imperator di Turchi. » — XVIIe s. (Gaign. 681).

1496. — Extraits des assises de Jérusalem (en français). — Fol. 57. « Dialogo sopra il sacco di Roma » (1527). — Fol. 93. « Relatione di tutti li prencipi et republiche d'Italia. » — Fol. 101. « Relatione di Costantinopoli dell' ill^{mo} sig^r Christoforo Valiero, ritornato daquel baillagio per la ser^{ma} republica di Venetia,» (1614). — Fol. 121. « Relatione delle cause che dell' anno 1615 hanno mosso la republica veneta a rompere la guerra nel Friuli con gl' Uscocchi. » — Fol. 125 v°. « Conseglio di stato sopra al fuga de Spagnuoli da Verva, » (1625). — Fol. 128.

« Relatione della republica di Venetia fatta dal marchese di Gondomar, ambasciatore cattolico... » — Fol. 163. « Instruttione datta dal marchese di Gondomar... a Luigi Bravo, suo successore... » — Fol. 170. « Sommario delli congiuri fatti dal duca d'Ossuna con la republica di Venetia. » — Fol. 181. « Copia della scrittura che Giacopo Pietro inviò al duca d'Ossuna. » — Fol. 189. Harangue faite « par Monsieur d'Avaux, ambassadeur pour le roy tres chrestien à Venise, » 1618 (en français). — Fol. 190. « Relatione della republica di Venetia fatta alla maestà del re cattolico Filippo III, re di Spagna, per il suo ambasciatore don Alonso della Cueva residente in Venetia l'anno 1619. » — Fol. 214. « Relatione fatta nel Senato veneto, » (1623) da Raniero Zeno. — Fol. 245. « De ambitu interni sive mediterranei maris » (en latin). — Fol. 248. « Traicté du revenu et despence des finances de France faict jadis par Monsieur de Sully, » (1607) (en français). — Fol. 256. « Discorso di Carlo V imperatore a Filippo II re di Spagna poco avanti la sua morte. » — xviii° s. (Miss. étrang. 334²).

1497. — « Relatione della corte Cesarea dal sig^r cav^re Nani, 1659 ». — xvii° s. (Gaign. 1381).

1499. — « Narratione dello stato della regina di Scotia, » ouvrage dédié au comte Pietro di Bossù par Francesco Marcaldi. — 1581 (Sorb. 1542).
Reliure aux armes du cardinal de Richelieu.

1501. — « Relatione di Roma dell' ambasciatore Bernardo Navagiero... 1560. » — xvii° s. (Gaign. 106).

1505. — Recueil d'écrits manuscrits et imprimés (français et italiens), relatifs à l'affaire du marquis de Lavardin, ambassadeur de France. — xvii° s. (Cordel. 113).

1506. — Éloge de Marie de Médicis, mère du roi de France, par Giovanibatista Strozzi. — xvii⁰ s. (Gaign. 753).

1507. — Lettre de Galileo Galilei à la grande duchesse de Florence. — xvii⁰ s. (Gaign. 75).

1511. — « Breve discorso della vita della serva di Dio, suor Catherina Paluzzi da Morlupo, » avec portrait. — xvii⁰ s. (N. Dame 240).

1512. — « La giusta statera delli Porporati.... e per che sono stati promossi li cardinali viventi dell' anno 1646. » — xvii⁰ s. (Gaign. 113).

1515. — Recueil de pièces : — 1° Mélanges français (1611) : Extraits d'auteurs sur les pierres précieuses, la colère et les plantes ; notes historiques et littéraires. — 2° Instructions données à un ambassadeur vénitien auprès du roi d'Espagne. — 3° « Le difficoltà che si rincontrano nella predicatione dell' Evangelio all' Infedeli et i mezzi per superarle ».— 4° « Dell' elettione de' missionarii ». — 5° Extraits de la description de la Chine du père J. B. du Halde (1735). — 6° « Relatione di Germania, Spagna et altri stati di Carlo V et di Ferdinando, suo fratello, 1530 ». — 7° « Relatione di Francia nel tempo di Francesco I ». — 8° « Relatione d'Inghilterra... 1551... per il cl^{mo} Daniel Barbaro... » — 9° Relatione di Costantinopoli... » — 10° « Deductio ex qua probatur clarissimis argumentis non esse jus devolutionis in ducatum Brabantiæ nec in alyas Belgii provincias ratione principum eorum, prout quidam conati sunt asserere, 1666 » (en latin). — 11° « Propositions de paix faictes de par les deux Chambres au roy d'Angleterre, avec la response de sa Majesté Britannique.... » 1643 (en français). — 12° « Mémoire abrégé de la mission d'Alep » (en français). — 13° Note sur les rapports militaires avec les Espagnols en 1652 (en français). — 14° « Mémoire de la

Suède, » 1542-1641 (en français). — XVIe, XVII° et XVIII° s. (Miss. étrang. 339²).

1516. — 1° Diurnum Alexandri VI (1497-1500) par Jean Burchard (en latin). — 2° Les trois premiers chants de l' « Adone, » de Jean Baptiste Marino. — 3° « Testamento amoroso del sig^r Marino ». — 4° Chronique italienne de 1266 à 1478. — XVIIe s. (Miss. étrang. 345).

1517. — « Nova selva di varia letione..., ouvrage de Julien de Médrane, » traduit de l'espagnol par Celio Malespina. — XVIIe s. (Gaign. 1015).

1518. — « Discorso istorico sopra l'origine e progressi della Regalia. » — XVIIe s. (Minimes 83).

1520. — « Insignia gentilia Pisanorum, » receuil d'armoiries coloriées de familles Pisanes, classées par ordre alphabétique. — XVIIe s. (Gaign. 886).

Exemplaire aux armes des TADDEI.

1521. — Recueil des armoiries des sénateurs vénitiens, accompagnées d'une notice sur leur famille, par Alessandro Rossi. — XVIIIe s. (Gaign. 888).

1522. — « Libro nel quale gli e descritto tutti li magistrati di Venetia, rettorie, ambassarie terestri e maritime del ser^{mo} dominio veneto... » — XVIIe s. (Gaign. 694¹).

1523. — Autre exemplaire de l'ouvrage précédent. — (Gaign. 694²).

1524. — Compilation de différents traités latins relatifs à l'astrologie, la magie, la nécromancie, les recettes médicales, les conjurations, etc. — Vélin (lettres ornées dont une historiée), 1446 (N. Dame 167).

1525. — Notes de géographie (allemand et italien). — XVIIIᵉ s. (Orat. 242).

1526. — « Del viver parco..., » discours dédié à Paul V par Lorenzo Parigi. — XVIIᵉ s. (Gaign. 87).

1528. — 1° « Considerationi bellissime d'un cavaliero di cognoscere et sapere infrenare il cavallo. » — 2° « Dell' infrenatura del cavallo ». — XVIIᵉ s. (Gaign. 81).

1529. — « Libro di Pollicreto, medico, mandata da lui all' illᵐᵒ et serᵐᵒ Phallari, tiranno dell' Agrigentini, dove si tratta de' molti et bellissimi secreti di Mascalcia, » (avec table). — XVIIᵉ s. (Gaign. 80).

1530. — 1° « Dubii del' Aretino. » — 2° La Priapée, en 41 sonnets, de Nicolò Franco. — 3° Poésies de Nicolò Franco contre Pietro Aretino. — XVIIIᵉ s. (Gaign. 1012).

1531. — « Dubii amorosi di Pietro Aretino, » suivi de quelques « historiette ». — 1721 (Bouhier 168).

1536. — Les triomphes de Pétrarque. — Vélin. XVIᵉ s. (Gaign. 1006).

1538. — Traduction italienne de l'ouvrage de Pétrarque, *De Viris illustribus*. — Parchemin. XVᵉ (nouv. acq).

1539. — « Breve discorso sopra li siti delle fortezze..., » recueil de planches dessinées par Giacomo Ponzone et relatives à l'art de la fortification (l'une d'elles représente le Piémont). — 1698 (transm. des Imprimés).

1540. — « Progressivo sviluppo e finale scopo dell' umanità, opera postume di Hoene Wronski, traduzione italiana » dal Dʳᵉ Guiseppe Toffoletto da Vicenza. — XIXᵉ s. (nouv. acq.).

1541. — Long rapport daté de Mantoue et signé
Gaspar Barchino, 4 juillet 1571. — Fol. 33. « Copia de
memoriali » (juin 1571) [de G. Barchino]. — Fol. 43. « Copia de lettere del signore San Giorgio, » (mai-juillet
1571). — Fol. 53. Deux nouvelles lettres [de G. Barchino].
— Fol. 57. Lettre de Gaspar Barchino au duc de Nevers,
datée de Mantoue, le 3 juillet 1571. — Fol. 59. Séries de
lettres adressées « al signore Gio. Paolo de' Medici, auditore », « a tutti tre i Conseglieri », « al signore Lelio
Montaleto, senatore, » (mai et juin 1571). — Fol. 65.
Inventaire des meubles de la succession du cardinal
Fréd. de Gonzague, restant à partager entre le duc de
Mantoue et le duc de Nevers. — Fol. 73. Prétentions du
duc de Nevers à la succession de sa mère Madame de
Mantoue.—Fol. 79. Compromis entre le duc de Mantoue
et le duc de Nevers (1575). — Fol. 85. Copie de quatre
mémoires adressés au duc de Mantoue (1575). — Fol. 87
v°. Lettres de Tomara (1575). — Fol. 87 v°. Lettre du chevalier Guazzo à Tomara. — Fol. 89. « Inventario delle
scritture che'l s^or Barchino ha ritirate ». — Fol. 93. Mémoire daté de Milan (2 février 1571). — Fol. 99. Nouveau
mémoire sur l'affaire du compromis. — Fol. 103. Mémoire daté de Pavie, le 27 juin 1575, et signé Francesco
Pugiella. — xviie s. (anc. 8762, devenu fr. 3253, avant de
passer dans le fond italien).

De la bibliothèque de Philippe de Béthune.

Nouvelles acquisitions (1).

1542. — Poésies d'Antonio Cornazzani. — XVe s.
Miniature en tête du ms.

1543. — Recueil de poésies et autres pièces, émanant de Laurent de Médicis, Angelo Politiano, Giovanni della Mirandola, Bramante da Urbino, Paolo da Taegio, Zampetro da Petrasanta, Bernardo Belincione, Balthasar Tachono, Galeotto Carretto, Francisco Horombello, Pietro Adam, Giovanni Tollentino, Piero Bembo, Jacobo Sanazaro, Jacobo Alifer, Bacio Ugolino, Pamphilo de Sassi, Antonio Thibaldeo, Thimotheo Ferrarese, Gerolamo Benevieni, Paolo Girolamo, Giovanni Raynaldo, Lancino, Francesco Tantio, Antonio Peloto, Petro Galerito, Alberto Ferusino Poliony, Girolamo Landriano, Mattheo Trotto, Giovanni da Lorbo, Juliano de Hystria, Francesco Nirisio Timidei, Dominico Machaneo, Seraphino, Vicentio, Gualtero de Sancto Vitale, Paolo Cortese, Vincenzo Cozzo. — XVe s.

(1) Jusqu'ici les mss. passés en revue dans cet Inventaire appartenaient, pour la plupart, à d'anciens fonds que Marsand n'avait pas explorés ou avait mal vus. Au contraire, les volumes dont le dépouillement suit, sont tous, de nouvelles acquisitions ou tout au moins n'appartiennent pas à d'anciens fonds : la numérotation ne souffrira donc plus d'interruption.

Avant de clore ce supplément au catalogue de Marsand, il nous semble bon de dire que nous venons seulement d'apprendre l'existence d'un supplément antérieur *(Giunte...)* dû à MM. J. Ferrari, G. Campi et P. G. Terachini ; nous n'avons pu nous procurer ce travail, dont nous ne connaissons pas l'étendue. Voy. Ant. Ive, nella *Provincia* (dell' Istria) del 16 agosto 1879.

1544. — 1° La Vita di Maria Virgine, poème par Antonio Cornazzani. — 2° Epître en vers latin, du même poète, adressée à Hippolyte, fille de Francesco Sforza. — 3° Poème sur la Passion, en octaves. — 4° « La vendeta de Vespasiano facta sopra Jherusalem. » — 5° « El finimento del mondo. » — 6° « Oratio sancti Bernardini, » suivie de trois autres pièces. — XVᵉ et XVIᵉ s.

1545-1566. — Recueil de 22 volumes comprenant des notes et notices, manuscrites et imprimées, relatives à des personnages italiens et recueillies par le P. Custodi. Ces notices, classées par ordre alphabétique forment une suite de *Biographies italiennes*. — XIXᵉ s.

1567-1580. — Collections de 14 volumes, provenant du P. Custodi, sous le titre de « Manoscritti di P. Custodi ». XIXᵉ s.

I (**1567**). — Notes imprimées et manuscrites sur le commerce, l'économie politique et la géographie de l'Italie à toutes les époques.

II-IV (**1568-1570**). — Extraits de toutes natures relatifs à l'histoire politique et économique de l'Italie depuis les temps les plus reculés.

V (**1571**). — Notes sur les artistes, écrivains et savants italiens, du XVᵉ siècle.

VI-VII (**1572-1573**). — Recueils d'extraits, principalement de journaux, faits en vue d'une histoire d'Italie au XIXᵉ siècle.

VIII (**1574**). — Extraits d'écrivains italiens du temps, sous le titre de « Memorie storiche di Napoleone Buonaparte ».

IX (**1575**). — « Regno d'Italia. Bilancio d'importazione e d'esportazione anno 1812, con in fine corollario, diviso in IX tavole, dimonstrante gli Stati esteri coi quali vi è stato commercio ».

X (**1576**). — Actes principaux de la commission envoyée dans le département du Serio, en 1813.

XI (**1577**). — Pensions, sels, tabacs, etc.

XII (**1578**). — Notes pour servir à la continuation de l'histoire de Milan de Pietro Verri.

XIII (**1579**). — Mélanges littéraires, travaux faits en vue de l'impression.

XIV (**1580**). — Mélanges.

1581. — Poèmes divers : Fol. 1. Sur la chasse ; — Fol. 21. Sur l'origine des arts ; — Fol. 44. Sur la vertu des pierres ; — Fol. 70. Sur les animaux ; — Fol. 91. Sur les couleurs. — xviie s.

1582. — « La vita di sancto]Lodovico, vescovo di Tolosa... » — xviie s.

1583-1615. — Collection de 33 volumes, connus sous le nom d' « Archivio Sforzesco », et comprenant des pièces de toutes natures, relatives à l'histoire du Milanais :

I-X (**1583-1592**). — Documents originaux, sur vélin et papier, de 1433 à 1500.

XI (**1593**). — Pièces originales se rapportant aux « Oratori milanesi alla corte di Francia ; » (1463-1466).

XII-XIII (**1594-1595**). — Registres originaux sur papier de 1442 à 1476.

XIV (**1596**). — Fragments de registre original sur vélin, de 1446 à 1464.

XV-XXIX (**1597-1611**). — Copies modernes de documents, de 1439 à 1500.

XXX-XXXI (**1612-1613**). — Analyses modernes de pièces, de 1441 à 1499.

XXXII-XXXIII (**1614-1615**). — Travaux du P. Custodi, suivis de quelques notes du marquis Costa de

Beauregard, à qui appartenait en dernier lieu cette collection.

1616. — « Catalogo de' scrittori piemontesi ». — XVIIe s.

1617. — « Conclave nel quale è stato eletto papa il signor cardinal Fabio Chigi, chiamato Alessandro settimo, 1655 ». — XVIIe s. (carton 136).

1618. — « Genealogia di casa Coreggio ». — XVIIe s. (carton 136).

1619. — « Stato della religione catholica in Etiopia. » — Fol. 38. « Breve relatione » del P. Torquato Parisiani « del miserabile stato in cui al presente si ritrova l'Abissinia... » (1648). — Fol. 53. Eglises et monastères chrétiens en Abyssinie et en Egypte. — Fol. 58. « Dello stato presente della Christianità in Egitto ». — Fol. 61. « Relatione dello stato presente dell' Egitto. » XVIIIe s. (carton 963).

1620. — « Discorso intitolato l'Anatomia di tutti li cardinali soggetti papabili, fatta nel Conclave di Urbano VIII... » — Fol. 97. « Conclave... nel quale è stato eletto in sommo pontefice il cardinale Gio. Battista Panfilio, detto poi Innocentio docimo. » — XVIIIe s. (carton 136).

1621. — Questions de droit canonique. — XVIIIe s.

1622. — « Relatione del Turco del clarissimo Bernardo Navagero del anno. M D L III. — Fol. 103. « Relatione del Delfino, cavaliere et procuratore, ritornato ambasciatore da papa Clemente VIII.... 1593. » — Fol. 171. « Instruttione a Ms. Domenico del Nero, mandato da Paolo Quarto al duca d'Alva in Napoli.... 1556. » — Fol. 177. « Conclave dove fù creato... papa Gregorio

XIII, l'anno 1572. » — Fol. 191. « Conclave... dove fù
creato papa il cardinal Borghese chiamato si Pauolo V°. »
— Fol. 251. Parallèle de l'espagnol et du français (incomplet à la fin). — Fol. 255. « Scrittura del sig^r Agostino Mascardi da Sarzana, intorno all' elettione del card.
Ludovisio in sommo pontefice ». — XVIe s. (cartons 170
et 164).

1628-1630. — OEuvres manuscrites de Casti, en
huit volumes. — XVIIIe s. (cartons divers).

1631. — Conclaves tenus aux avènements des papes :
Pie II ; — Pie III (fol. 9) ; — Jules II (fol. 14) ; — Léon
X (fol. 17) ; — Adrien VI (fol. 21 v°) ; — Paul III (fol.
24 v°) ; — Jules III (fol. 28) ; — Marcel II (fol. 35) ; — Grégoire XIII (fol. 42) ; — Sixte V (fol. 46) ; — Grégoire XIV
(fol. 56) ; — Innocent IX (fol. 94). — Fol. 99. Discours
sur ce dernier conclave. — Conclaves tenus aux avènement des papes : Clément VIII (fol. 105 v°) ; — Urbain
VII (fol. 126) ; — Léon XI (fol. 134) ; — Paul V (fol.
164 v°) ; — Grégoire XV (fol. 179) ; — Urbain VII (fol.
204 v°). — XVIIe s. (carton 164).

1632. — Conclave tenu à l'avènement du pape Innocent XI. — XVIIe s. (carton 136).

1633. — « Discorso istorico della famiglia Colonna di
Palestrina, detta di Sciarra, » preuves de noblesse fournies par le prince de Palestrine, pour entrer dans les
ordres du Roi, 8 décembre 1767. — (carton 151).

1634. — Conclaves tenus aux avènements des papes :
Nicolas V ; — Jules II (fol. 17) ; — Adrien VI (fol. 38) ;
— Jules III (fol. 47) ; — Marcel II (fol. 84) ; — Pie V
(fol. 96) ; — Sixte V (fol. 156) ; — Urbain VII (fol. 169).
— XVIIe s. (carton 136).

1635: Observations sur le troisième livre des *Annales*
de Tacite. — xviie s. (carton 950).

1636. — Lettres datées de Bologne et de Bagdad,
mêlées à des itinéraires de voyages et à des notes écrites en différentes langues et dont plusieurs ne peuvent
être déchiffrées que par un clef. — xviiie s.

1637. « Strattagieme et inventioni di guerra... del
capitano Domenico Mora, bologniese,... » avec nombreux dessins et une table des chapitres — xviie s.
(transm. des Imprimés).

1638. — Descriptions d'armoiries de familles vénitiennes (dessins coloriés). — xvie s.

On lit en tête du ms. : « 1640, libro di me Alvise Badoer... »

1639. — Recueil de poésies, sonnets et hymnes, en
l'honneur de Dieu, par Francesco de Lemeni. — xviie s.

1640. — Poésies d'Odetto della Nua, prisonnier à Tour-
nai (avec table). — Fol. 65. Poésies d'Antonio Corvini
(avec table) 1586. — xvie s.

1641. — Notices bibliographiques des livres imprimés à Pérouse par Francesco et Girolamo Cartolari, et
autres imprimeurs, dans la première moitié du xvie siècle ; ouvrage de Vermiglioli. — 1824.

1642. — Poésies italiennes de Francesco Maria Graz-
zini, suivies de poésies latines et de lettres (1748-1769)
du même auteur. — xviiie s.

1643. — « Racconto degl' amori di Sigismondo,
conte d'Arco e della ser^ma Caudia Felice, arciduchessa
d'Inspucli, fù moglie del regnante augustissimo Leopoldo primo, imperatore ». — xviiie s.

1644. — « Diario di Bologna, » série de lettres adressées par Francesco Antonio Salbatini de Bologne à l'abbé Césare Adrini, à Rome 1706-1707.

1645. — 1° Recueil de « novelle » ou petits poèmes en octaves : « La figlia senza giudizio ; » — « La bolla di Alessandro sesto » (fol. 15) ; — « Don Diego Alvagro Malaguria » (fol. 31) ; — « Monsignor Fabrizio » (fol. 56) ; — « Donna Irene e don Sempronio » (fol. 85) ; — « Il maggio » (fol. 101) ; — « Pandora e Prometeo » (fol. 121); — « Endimione e Diana » (fol. 134) ; — « L'Archivescovo di Praga » (fol. 153) ; — « La fata Urgella » (fol. 181) ; — « Titone e Aurora » (fol. 202) ; — « L'incantesimo » (fol. 219). — 2° « Poemetti » : « Memoriale dato per celia dall' A... C..., in ocasione della vacanza del vescovato di V... » (fol. 231) ; — « Epistola del A... C..., scritta da Napoli ad una dama in Roma ». — XVIIIᵉ s.

1646. — « Descrizione delle pitture, sculture et altre cose più notabili del real palazzo e castello di Torino », (à l'usage des voyageurs). — 1754 (transm. des Imprimés).

1647. — « El libro de Fioravante, cavaliero, e de Ducelina, soa moyere ». — 1467.

1648. — Extrait du premier volume (1496) des *Diarii* de Marin Sanuto, par M. Armand Baschet, d'après le ms. de Venise. — XIXᵉ s.

1649. — Copie de documents relatifs à la France (1455-1474), recueillis à Venise par le Dʳ Th. Sickel. — XIXᵉ s.

1650-1651. — Copies de relations d'ambassadeurs vénitiens, en France (1542) offertes par M. Astruc :

Vol. I. — Relation de Matteo Dandolo ; — Bernardo Mocenigo (fol. 15) ; — Alvise Contarini (fol. 32) ; — Francesco Morosini (fol. 61) ; — Sigismondo de' Cavalli (fol. 70) ; — Giovanni Michiel (fol. 94) ; — Zuanne Michiel (fol. 108) ; — Lorenzo Priuli (fol. 123) ; — Pietro Duodo (fol. 147) ; — Francesco Vendramin (fol. 157) ; — Antonio Angelo (fol. 164) ; — Priuli Pietro (fol. 202) ; — Piero Priuli (fol. 243) ; — Foscarini Antonio (fol. 279) ; — Andrea Gussoni et Agostino Nani (fol. 293) ; — Pietro Contarini (fol. 322).

Vol. II. — Relation de Ottavian Bon ; — Angelo Contarini (fol. 11) ; — Luigi Contarini (fol. 50) ; — Alvise Contarini (fol. 64) ; — Angelo Correr (fol. 70) ; — Angelo Contarini et Giovanni Grimani (fol. 87) ; — Giovanni Battista Nani (fol. 101) ; — Giovanni Sagredo (fol. 122) ; — Michiel Morosini (fol. 133) ; — Battista Nani (fol. 178) ; — Alvise Grimani (fol. 195) ; — Marcantonio Giustinian (fol. 220) ; — Francesco Michiel (fol. 239) ; — Giovanni Morosini (fol. 263) ; — Ascanio Giustinian (fol. 278) ; — Domenico Contarini (fol. 290) ; — Gerolamo Venier (fol. 306) ; — Pietro Venier (fol. 329). — xix⁰ s.

1652. — Le livre des exemples de Salomon, traitant d'astrologie, des vertus des pièces, des anima ... ... xvii⁰ s. (transm. des Imprimés).

1653. — Mélanges d'Alchimie. — xvii⁰ s. (transm. des Imprimés).

1654. — Revenus du monastère de S. Geronimo di Quarto (Olivetani). — 1591.

1655. — « Indice o sia Pandetta generale di tutte le scritture antiche e moderne » dell' archivio del monastero delle Grazie (Olivetani). — xviii⁰ s.

1656-1659. — Collection de documents, français et italiens, relatifs aux rapports du Saint-Siège et du gouvernement français, de 1805 à 1809. — xix⁰ s.

1660. — Récit d'une conjuration contre le duc de Saxe, en 1603. — xvii⁰ s.

1661. — Livre de Pietro Crescenzio sur l'Agriculture. — XVI° s.

1662. — Recueil de lettres originales, classées par ordre alphabétique. — XVII°, XVIII° et XIX° s.

1663. — « Fatti più notabili successi nel pontificato di papa Clemente XI trà la Santità sua, l'Imperatore e le due corone.. et altri regni d'Europa, » quatre parties suivies d'un appendice depuis 1712. — XVIII° s. (transm. des Imprimés).

1664. — « Idea d'un principe politico cristiano, rappresentata in cento emblemi, » par don Diego Saavedra Faxardo. — XVIII° s. (Cord. 151, devenu ensuite le n° 379 du fonds espagnol).

Dessins à la plume.

1665. — Documents relatifs au Mont-de-Piété de Rome. -- XVII° s. (transm. des Imprimés).

1666-1667. — « Progetto per fortificare la cuppola di S. Pietro di Roma, con un rinforzo di muro pensato nel 1743... da Carlo Francesco Dotti, bolognese. » — XVIII° s.

Le second volume renferme des lavis.

1668-1670. — Trois ais de bois de hêtre ayant servi de plats de reliure à des registres de compte de la « Biccherna » de Sienne, de 1330 à 1331, de juillet 1338 à janvier 1339, de janvier à juillet 1346.

Sur chacun de ces plats, outre le titre de l'ouvrage, on trouve un portrait peint et les armoiries des « camarlinghi » et « provveditori » en exercice.

1671. — Lettres originales de Gabriel Naudé à G. B. Doni, à Florence, de 1641 à 1645.

1672. — « Libro delle Omelie di S. Gregorio papa. »
— Vélin. xɪvᵉ s.

On lit sur une garde du ms. : « Hic Liber est Francisci Bardi
de Barducois, de Florentia... »

1673. — « Registro di lettere scritte a Roma dal cardinal d'Imola, » [Hieronimo Dandini], « nel tempo della
sua legatione all' Imperatore sopra il negotio della pace
co'l Re di Francia, » du 22 avril au 5 octobre 1553.

1674. — « Breve relatione delle cose d'Inghilterra
circa le leggi et costumi di quei popoli, raccolta per una
longa prattica et studio delle croniche di quel regno. »
— xvɪᵉ s.

1675-1677. — Copies de lettres provenant du nonce
Anselme Dandini (1578-1581) :
Vol. I. — Correspondance avec le cardinal di Como.
Vol. II. — Correspondances diplomatiques.
Vol. III. — Lettres à divers. — xvɪᵉ s.

1678. — Lettre au cardinal Mazarin. — Fol. 3. Lettre
de Mazarin au pape (6 mars 1661). — Fol. 4. Lettre de Mazarin, faisant part du mariage de sa nièce Marie Man-
cini (23 février 1661). — Fol. 5. « Consiglio politico dato
alle Corone sopra l'importantissimo affare della nuova
riserva, in petto fatta d'Allessandro 7ᵐᵒ di quatro luoghi
vacanti nel Sacro Collegio, dovuti alla nomina delle Corone. » — Fol. 8. « Espositione in privato » ed « in pub-
blico del sʳ ambasciatore Riccardi. » — Fol. 10. Lettre
d'avis de la mort du cardinal Mazarin. — Fol. 11. Deux
lettres de Mazarin (mars 1661). — Fol. 13. Lettre du roi
de France à la comtesse Martinozzi à propos de la mort
de Mazarin (17 mars 1661). — Fol. 14. Lettre du roi de
France au sujet de l'affaire du maréchal de Créquy (30
août 1662). — Fol. 15. Bref d'Alexandre VII sur la
même affaire. — Fol. 17. Deux lettres du roi de France

au duc Cerasini (30 août et 15 septembre 1662). — Fol. 19. « Avviso di Firenza » (21 novembre 1662). — Fol. 20. Deux brefs d'Alexandre VII en faveur du roi de France (1662). — Fol. 25. « Copia di scrittura data alli signori ambasciatori di Venezia e Savoja. » — Fol. 30. Lettre du roi de France au duc Cesarini (30 août 1662). — Fol. 31. Lettre du roi de France au cardinal de Médicis, doyen du Sacré-Collège (12 octobre 1662). — Fol. 34. « Copia di lettera di Mossieur di Servient al nuntio di Turino. » — Fol. 38. « Aforismi politici per li cardinali del Conclave. » — Fol. 54. « Il colloquio delle Volpi, discorzo fatto trà li signori cardinali Ottoboni e Azzolino, la sera delli 4 dicembre 1669. » — Fol. 64... « discorso secondo... » — Fol. 72... « discorso terzo... » — Fol. 78. « Febo vaticinante, » en vers. — Fol. 82. « Il principe del conclave, lettera di Pasquino a Marforio. » — Fol. 86. « Il festino del conclave. » — Fol. 91. « Capitolacio della resa di Candia. » — Fol. 93. Circulaire du cardinal Ginetti aux monastères de femmes (17 octobre 1656). — Fol. 94. Conclave tenu à l'avènement de Clément X. — Fol. 114. Exécution du comte Arino et du marquis Frangipani (Vienne, 1671). — Fol. 124. « Canzone d'Amore ». — Fol. 126. Quatre sérénades, dont une en double. — XVIIe s.

1679-1681. — Lettres du cardinal Mazarin, de 1647 à 1651 (quatre tomes en trois volumes). — XVIIe s.

1682-1683. — Documents concernant les relations de la France et de la cour de Rome (tirés des archives de Florence), de 1336 à 1572 (1er vol.) et de 1615 à 1712 (2me vol.). — Cop. XIXe s.

1684. — « Trattato del legno fossile minerale, nuovamente scoperto da Francesco Stelluti, » (avec planches). — XVIIe s. (transm. des Imprimés).

1685. — « Libro di tentoria, intitolato Plicto, » par Giovanni Ventura Rosetti. — Cop. de l'imprimé de 1565. xviie s. (transm. des Imprimés).

1686. — « Verificazione de' codici manoscritti e dei libri stampati della biblioteca Vaticana, » avec un arrêté de prise de possession, signé Daru (Rome, 30 mai 1811). — xixe s.

1687. — Deux fragments d'écriture autographe de Michel-Ange, contenant des listes de noms d'artistes et d'ouvriers employés par lui (29 juillet 1525).

1688-1690. — Recueil de relations d'ambassadeurs ou de rapports politiques :

Vol. I. — Bernardo Navagiero, ambassadeur vénitien à Rome. — Fol. 35. Ambassade espagnole à Venise. — Fol. 55. Brunovo Zampesco, gouverneur de Candie pour Venise. — Fol. 62. Girolamo Lippomani, ambassadeur vénitien à la cour de Savoie. — Fol. 96. Mano Foscari, ambassadeur vénitien à Florence. — Fol. 120. Ambassade vénitienne à Ferrare. — Fol. 140. « Sommario della forma et modo di negotiare con li sig^{ri} Suizzeri... »

Vol. II. — Michel Soriano, ambassadeur vénitien en Espagne. — Fol. 52. État de la Flandre en 1538. — Fol. 65. Giovanni Michele, ambassadeur vénitien en Allemagne. — Fol. 112. Ambassade vénitienne en Autriche. — Fol. 133. Michel Soriano, ambassadeur vénitien en France. — Fol. 172. Daniel Barbaro, ambassadeur vénitien en Angleterre. — Fol. 205 v°. Relation sur la Suède.

Vol. III. — Relation sur l'Ethiopie. — Fol. 5. Vincenzo degl' Alessandri, ambassadeur vénitien en Perse. — Fol. 19. Discours de Gioseppe de Bastiani Malatesti sur la Turquie. — Fol. 26. Girolamo Lippomani, ambassadeur vénitien en Pologne. — Fol. 70 v°. Discours de

Francesco Tiepolo sur la Moscovie. — Fol. 83. Antonio Barbaro, envoyé vénitien à Constantinople.—Fol. 113 v°. « Relatione del Turco dopo la pace..., » par Garzoni. — Fol. 150 v°. Discorso del sig°ʳ Antonio Doria sopra le cose turchesche per via di mare ». — Fol. 155. « Relatione di Tunesi et Biserta... » (1573). — xvii° s.

1691. — Lettres de Giacomo Foscarini, de 1574 à 1638. — xvii° s.

Dernières acquisitions (1).

1692. — Traité de peinture, traduit du latin par Battista Alberti. — xvi° s.

De la bibliothèque Chasles.

1693-1694. — Copies faites à Gênes, par M. Molard : Vol. I. — Huit pièces (xiii° et xvi° s.) relatives à la Corse. — Fol. 19. Extraits de la *Miscellanée Cicala* relatifs à la Corse (de 757 à 1528).

Vol. II. — 1° Nouveaux extraits de la *Miscellanée Cicala* (de 1284 à 1528). — 2° Acte de restitution de la Corse à la République de Gênes (1562). — 3° Extraits de la *Miscellanée Poch*. — 4° Manuscrits de Federico Federici. — 1875.

(1) Depuis le jour où cet inventaire a été commencé (1ᵉʳ juillet 1882) le fonds italien s'est augmenté de quelques manuscrits : ce sont ces derniers mss. que nous comprenons sous la rubrique dernières acquisitions. Ajoutons que pour compléter l'inventaire des mss. italiens, il faudrait y joindre, outre les copies des *Dépêches des ambassadeurs vénitiens*, dont nous avons parlé plus haut dans une note de notre introduction, un grand nombre de pièces italiennes, disséminées dans les autres fonds, français, latin, espagnol, etc., de la Bibliothèque nationale (octobre 1882).

1695. — 1° Inventaire d'une liasse des lettres écrites aux protecteurs de St Georges de Gênes par leurs agents en Corse. — 2° Inventaire d'un registre des *Libri contractuum* (partie relative à la Corse), (1453-1476). — 3° Analyse de 32 pièces des archives de St-Georges. — Copies de M. Molard, 1875.

1696. — Collection de documents inédits pour servir à l'histoire de la Corse ; pièces tirées des archives du magistrat de Gênes par M. Molard (avec table). — 1874.

1697. — Les triomphes de Pétrarque. — XVIe s.

ADDITIONS ET CORRECTIONS

———

La numérotation s'applique à la série des manuscrits, les lignes
sont comptées, non par page, mais par article de ms.

———

153, lignes 6 et 9. Paolo III, *lisez* Paolo IIII.

167. *Rectifiez ainsi l'article :* Copie du priorista de Florence, ayant appartenu au marquis de Mira-
beau. — xviiᵉ s. (suppl. fr. 4244).

171, ligne 2. erltobrandini, *lisez* Aldobrandini.

381, ligne 38. *Ajoutez :* Fol. 443. « Relatione di tutti li
prencipi e republiche d'Italia. »

401, ligne 3. xviᵉ s., *lisez* Cop. xviiᵉ s.

402, ligne 5. xviᵉ s., *lisez* xviiᵉ s.

408, ligne 3. xviᵉ s., *lisez* fin du xvᵉ s.

413, ligne 4. xviiᵉ s., *lisez* xviiiᵉ s.

419, ligne 3. xviiᵉ s., *lisez* xviiiᵉ s.

420, ligne 8. xviiiᵉ s., *lisez* xviiᵉ s.

437, ligne 1. xviiiᵉ s., *lisez* xviᵉ s.

473, ligne 3. *Ajoutez :* xviᵉ s., recueilli en 1725.

508, ligne 2. 1610, *lisez* 1611.

526. Entre le *Credo* et les trois pièces qui finissent ce
ms., il faut mentionner un assez grand nom-
bre de poésies religieuses, écrites de la même
main que le *Credo*.

615, ligne 3. xviie s., *lisez* xve s.

649, ligne 4. xviie s., *lisez* commencement du xviiie s.

650, ligne 5. xviiie s., *lisez* xve s.

711, ligne 3. xvie s., *lisez* xviie s.

712, ligne 6. xviiie s., *lisez* xvie et xviie s. — *Ajoutez après* latines : et italiennes.

768, ligne 6, *lisez* Fol. 152. — ligne 8, *lisez* Fol. 245.

894, ligne 7, *lisez* Fol. 202.

948, ligne 2, 1809⁵, *lisez* 8109⁵.

976, ligne 2. xviie s., *lisez* xive s.

978. *Ce ms. a été omis :* « Libro di diversi caratteri co' suoi alfabeti.... messo insieme da Valerio Spada,... ». Dédié à Louis XIV. — xviie s. (anc. 8114²).

983, ligne 5, *ajoutez :* xvie s. (anc. 8126²).

1108, ligne 7. xvie s., *lisez* seconde moitié du xve s.

1129, ligne 4. xvie s., *lisez* Copie, xviie s.

B. N. R 47 (Saint Germain).

non presenta importanza storica part.
degli stati Turcheschi, e generale del
tempo e delle diverse nazioni Europee,
le quali ebbero che fare o per guerra
o per altre ragioni col Gr. Sig.

B. N. 272 (Saint Germain).
III Relazione del Seraglio, quasi nulla
copia.